Die Wertschätzung dessen, von dem Du lernst,
sei wie die Wertschätzung, die Du Gott erweist.

Sprüche der Väter, 4,15

Unseren Lehrern

Die Weisheit des Judentums

Gedanken für jeden Tag des Jahres

גשר למסרת

Herausgegeben von
Walter Homolka und Annette Böckler

Gütersloher Verlagshaus

Die Deutsche Bibliothek – CIP-Einheitsaufnahme

Die Weisheit des Judentums : Gedanken für jeden Tag des Jahres /
hrsg. von Walter Homolka und Annette Böckler. –
Gütersloh : Gütersloher Verl.-Haus, 1999
ISBN 3-579-02232-6

ISBN 3-579-02232-6

Umschlaggestaltung: INIT, Bielefeld, unter Verwendung eines Lebensbaummotiv aus einer mittelalterlichen englischen Haggada
Satz: Weserdruckerei Rolf Oesselmann GmbH, Stolzenau
Druck und Bindung: Clausen & Bosse, Leck
Gedruckt auf chlorfrei gebleichtem Werkdruckpapier
Printed in Germany

Vorwort

Laßt nicht ab von meiner Thora!
Wer nach ihr greift, dem ist sie ein Lebensbaum,
wer sie festhält, ist glücklich zu preisen.
Ihre Wege sind Wege der Freude,
all ihre Pfade führen zum Glück.
Gott, bring uns zu dir zurück,
dann können wir zu dir zurückkehren.

Aus der jüdischen Liturgie,
Das jüdische Gebetbuch I, 117

Sich mit dem Studium der Thora und der gesamten jüdischen Tradition zu beschäftigen, ist ein wichtiger Pfeiler jüdischen Lebens. Damit dieses Studium zu einem Baum des Lebens heranwachsen kann und Früchte trägt, ist Regelmäßigkeit unabdingbar. Deshalb geben wir in dem vorliegenden Band die Möglichkeit, sich Tag für Tag mit den unterschiedlichsten jüdischen Lehren auseinanderzusetzen.

Neben der Hektik des Alltags soll damit eine kleine Insel entstehen, die Orientierung für Juden wie Nichtjuden bietet. Jeder Tag erhält dadurch besonderen Gehalt und geistige Tiefe. Denn nur wer sich regelmäßig in das jüdische Erbe vertieft, kann seinen Wert vollständig ermessen und entscheiden, wie man sich im Alltag richtig verhalten soll.

Durch unser Lernen heute wird die Traditionskette verlängert, die über Jahrhunderte hinweg gewachsen ist: Bibel, Mischna, Talmud, jüdische Weisheit und jüdisches Religionsgesetz, rabbinische Auslegungen, jüdische Weisheit und philosophische Betrachtungen. Unsere Texte stammen aus allen jüdischen Strömungen, von Männern und Frauen, Religiösen und Nicht-Religiösen, Rabbinern und Wissenschaftlern, Philosophen und Dichtern. Wenn Sie mit uns durch das Jahr gehen, werden Sie mit der Fülle jüdischen Geistes aus mehreren Jahrtausenden bekannt gemacht. Und Sie werden feststellen, daß Fragen unserer Zeit im Licht alter Texte ganz aktuell beleuchtet werden: Arbeitslosigkeit oder Umwelt- und Tierschutz. Neue Texte wenden sich neuen Erfahrungen zu: der Schoa ebenso wie dem Entstehen des Staates Israel. So entstand eine Textsammlung von den Anfängen des Judentums bis in die Gegenwart.

Aus Gründen der Gebrauchsfähigkeit haben wir uns für die Benutzung des bürgerlichen Kalenders entschieden. Damit war klar, daß die Zuordnung der Texte nicht exakt dem jüdischen Festkreis entsprechen kann, der sich nach einem modifizierten Mondkalender richtet. Dennoch wurden die Themen für jeden Monat so gewählt, daß sie gleichzeitig die religiöse Erfahrung des jüdischen Jahres widerspiegeln. Innerhalb eines Monats baut ein Tag auf den anderen auf. Und trotzdem müssen die Texte nicht fortlaufend benutzt werden. Oft haben wir für einen Tag mehrere Texte zusammengestellt. Sie ergänzen sich, bringen widersprüchliche Positionen zum Ausdruck und können sich gegenseitig erklären.

Dieses Buch kann also dem fortlaufenden Textstudium für jeden Tag dienen. Darin finden wir den größten Nutzen. Darüber hinaus ist es aber auch für das Studium nach thematischen Gesichtspunkten geeignet, wenn Sie das Register heranziehen. Es ist dafür gedacht, Studientexte anzubieten, die im jüdischen Morgengebet an der entsprechenden Stelle eingefügt werden (Das jüdische Gebetbuch, Band I, S. 159) oder zwischen dem Nachmittags- und dem Abendgebet. Zwischen Pessach und Schawuot kann es als Studienanthologie in der Omerzeit benutzt werden, im Monat Ellul als Hinführung auf die Hohen Feiertage.

Und trotzdem werden auch Menschen dieses Buch mit Gewinn studieren, die nicht dem Rhythmus des jüdischen Jahres folgen. Bei der Konzeption des Buches war es uns nämlich wichtig, möglichst viele Menschen zu erreichen. Deshalb wendet sich der Band an Juden ebenso, wie an alle anderen Menschen, die sich für den Schatz jüdischen Geisteslebens interessieren.

Damit soll der Band wirklich zu dem werden, was sein hebräischer Titel »Gescher laMassoret« ausdrückt: eine Brücke zur jüdischen Tradition für alle, die darüber gehen wollen. Dieser Anspruch erforderte Kompromisse und Flexibilität von den Herausgebern. Wir sind darauf gern eingegangen, um möglichst viele Menschen mit dem Gedankenreichtum und mit der religiösen Erfahrung des Judentums vertraut zu machen. Nun wünschen wir Ihnen Glück und Gottes Segen für ein Jahr unter dem Sternenzelt des jüdischen Traditionsschatzes.

Und bedenken Sie eines: das Geheimnis des Erfolges ist die Regelmäßigkeit. Ein Gelehrter der

Mischna, Rabbi Hillel, hat das so ausgedrückt: »Sage nicht: ›Sobald ich Zeit dafür habe, werde ich lernen‹; vielleicht hast du nie dafür Zeit.« (Sprüche der Väter 2,5).

Landesrabbiner
Dr. Walter Homolka,
Hannover

Annette Böckler,
Wuppertal

Januar

Ein neues Jahr
Die Macht Gottes, des Schöpfers
Unsere Vorsätze

Segne dieses Jahr, und laß alles, was es uns bringt, zum Guten beitragen.

Aus der jüdischen Liturgie

Es ist unsere Aufgabe, den Ewigen, der alles in seinen Händen hält, zu preisen und die Größe des Schöpfers der Anfänge anzuerkennen.

Aus der jüdischen Liturgie

Segne dieses Jahr

Im Anfange erschuf Gott die Himmel und die Erde.

Genesis 1,1

Segne dieses Jahr, und laß alles, was es uns bringt, zum Guten beitragen. Gib dem Erdboden Fruchtbarkeit. Sättige uns mit deinen Gütern. Segne dieses Jahr wie die besten Jahre. Gepriesen seist du, Ewiger. Du segnest die Jahre.

Aus der jüdischen Liturgie

Ein neues Jahr liegt offen vor uns. Wir nähern uns ihm voller Unsicherheit, gleichzeitig jedoch auch voller Hoffnung. Wir wissen nicht, was vor uns liegt, welche Gelegenheiten und welche Versuchungen, welche Freuden und welches Leid. An der Schwelle zwischen dem alten und dem neuen Jahr halten wir inne. In Stille besinnen wir uns auf das vergangene Jahr und denken darüber nach, was wir aus ihm gemacht haben. Gott, gib uns größere Weisheit. Zeige uns, was unserem Leben seinen Sinn gibt und unseren Tagen ihre Bedeutung.

Lionel Blue

Was gewesen ist, dasselbe wird sein

Was gewesen ist, dasselbe wird sein, und was geschehen ist, dasselbe wird geschehen, und nichts Neues gibt es unter der Sonne.

Kohelet 1,9

Die Welt ist eine Schlange
und ihre Haut das Jahr,
die neue, wenn sie wechselt,
wird, wie die alte war.

Moses Ephraim Kuh

Wir machen keine neuen Erfahrungen, aber es sind immer neue Menschen, die alte Erfahrungen machen.

Rahel Varnhagen

Der Ewige wird immer und ewig regieren

Der Ewige wird immer und ewig regieren!

Exodus 15,18

Laßt uns über die Mächte nachdenken, die unser Leben bestimmen: die Strömungen der Triebe und Sehnsüchte, die in den Tiefen unseres Seins entstehen; die Fluten des Ehrgeizes und der Begierden, die unseren Willen fortspülen; die kleinen Wellen der Gewohnheit und Routine, in denen unsere Visionen ertränkt werden, – und doch ist Gott größer als all dieses und die leise Stimme Gottes lauter als ihr Getöse. Zu Beginn des Neuen Jahres bekennen wir, daß Gott regiert. Möge er über uns regieren und in uns herrschen.

Aus der jüdischen Liturgie

Der Leichtsinn ist ein Schwimmgürtel für den Strom des Lebens.

Ludwig Börne

Mein Geist birgt sich in deiner Hand

Gott aller Welt, du hast regiert
eh' ein Geschöpf geschaffen ward.
Als einst durch dich das All entstand,
da ward dein Nam' »König« genannt.

Und einst am Ende aller Zeit
wirst du allein regiern in Macht.
Du warst, du bist, und du wirst sein,
die Herrlichkeit ist dir allein.

Einzig bist du, und keiner ist
vergleichbar dir, Gott aller Welt.
Du bist ohn' Anfang, und ohn' End',
du hast die Macht, bist der Regent.

Du bist mein Gott, du rettest mich,
du bist mein Fels, bin ich in Not.
Du bist mein Schutz mein Zufluchtsort,
versorgest mich, wenn ich dich ruf.

Mein Geist birgt sich in deiner Hand,
stets, sei ich schlafend oder wach.
Und auch mein Leib birgt sich in dir.
Ich fürcht' mich nicht, du bist bei mir.

Aus der jüdischen Liturgie

4. Januar

Es gibt kein Fatum

Es gibt kein Fatum, kein unerbittliches unentrinnbares Schicksal. Vielmehr der Mensch, das Volk ist der Schöpfer seines Geschickes.

Elias Auerbach

Den Wohnort gewechselt – das Schicksal gewechselt.

Babylonischer Talmud, Baba Mezia 75b

Erdulden, was man nicht von sich abzuwehren vermag, heißt noch lange nicht ergeben in sein Schicksal sein.

Fanny Lewald

Für des Menschen Aufstieg ist keine Grenze, und jedem ist das Höchste offen. Hier waltet allein deine Wahl.

Chassidisch

Jeder Mensch sollte irgendwie schöpferisch tätig sein, ohne Rücksicht auf die Qualität dessen, was er herstellt.

Yehudi Menuhin

Der Mensch ängstet sich

Der Mensch ängstet sich vor Dingen, die ihm nichts antun können, und er weiß es; und er gelüstet nach Dingen, die ihm nicht fruchten können, und er weiß es; aber in Wahrheit ist es ein Ding im Menschen selbst, vor dem er sich ängstet, und es ist ein Ding im Menschen selbst, nach dem er gelüstet.

Nachman von Braclaw

Eines Tages kam ein Akrobat nach Krasny und verkündete, er wolle auf einem von Ufer zu Ufer gespannten Seil den Fluß überqueren. Rabbi Chaim von Krasny, ein Schüler des Baal Schem Tow, begab sich zum Fluß, um sich die Darbietung anzuschauen.
Als seine Freunde bemerkten, wie gebannt er zuschaute, fragten sie ihn, warum er so stark von der Darbietung mitgerissen sei. Er antwortete: »Ich bewunderte die Bereitschaft des Akrobaten, sein Leben zu riskieren. Ihr könnt natürlich sagen, er tue es für Geld oder um von der Menge Applaus zu bekommen. Aber das trifft nicht zu. Wenn er es allein aus diesem Gründen täte, würde er ins Wasser fallen. Seine Aufmerksamkeit ist ausschließlich auf eine Sache gerichtet, denn nur so kann er sein Gleichgewicht halten. Seine Rettung verdankt er ausschließlich seinem unbeugsamen Willen, sich gerade zu halten, ohne dabei an irgendeine Belohnung zu denken. Auf diese Weise muß der Mensch das dünne Seil des Lebens überqueren.

Chassidisch

Fürchte dich nicht

Die ganze Welt ist eine schmale Brücke, und es kommt darauf an, daß wir furchtlos sind.

Nachman von Braclaw

Fürchte dich nicht, denn ich habe dich erlöst, dich gerufen beim Namen: Mir gehörst du. Wenn du Gewässer durchschreitest, ich bin bei dir, und wenn es Ströme sind, sie fluten dich nicht weg. Wenn du durch Feuer gehst, wirst du nicht versengt werden und die Flamme wird dich nicht verbrennen. Denn ich bin der Ewige, dein Gott, der Heilige Israels, dein Retter.

Jesaja 43,1-3

Gott ist mein Hirt, mir wird nichts mangeln.
Er lagert mich auf grüne Weide;
Er leitet mich an stillen Bächen:
Er labt mein schmachtendes Gemüt,
Und führt mich auf gerechtem Steige,
Zu seines Namens Ruhm.

Psalm 23,1-3

7. Januar

Du bist der Gott der Götter

Du bist der Gott der Götter – die gesamte Natur legt Zeugnis davon ab. Kraft Deiner Alleinherrschaft muß alles Dir dienen, denn alle Geschöpfe sind Dir untertan. Deiner Herrlichkeit geschieht kein Abbruch durch jene, die fremden Göttern huldigen, denn auch ihre Absicht bleibt es, Dich zu erreichen, nach Dir zu streben.

Salomo ibn Gabirol

Er ist Einer. Niemand wird bestreiten, daß diese Lehre absolut notwendig ist für eine vollständige Hingabe an Gott, eine vollständige Verehrung Gottes und eine vollständige Liebe zu Gott. Denn Hingabe, Verehrung und Liebe wachsen aus der Überlegenheit des einen über alles andere.

Baruch Spinoza

8. Januar

Warum Gott den Götzendienst nicht abschafft

Unsere Meister lehrten: Die nichtjüdischen Philosophen fragten die jüdischen Weisen in Rom: »Wenn euer Gott den Götzendienst nicht will, warum schafft er ihn nicht ab?« Die Weisen antworteten: »Wenn nur das vergöttert werden würde, was die Welt nicht braucht, dann würde er gewiß den Götzendienst abschaffen. Aber die Menschen machen doch Gottheiten auch aus der Sonne, dem Mond, den Sternen und den Planeten. Soll er etwa die ganze Welt zerstören, nur weil es Narren gibt?! Nein, die Welt geht naturgemäß weiter. Jedoch die Narren, welche Verderben anrichten, werden einst Rechenschaft ablegen müssen.« Ähnlich verhält es sich mit jemandem, der ein Maß Weizen raubt und dann diesen Weizen aussät. Bei allem, was recht ist, sollte an sich dieser geraubte Weizen nicht sprießen. Aber die Welt geht naturgemäß weiter. Jedoch die Narren, welche Verderben anrichten, werden einst Rechenschaft ablegen müssen.

Babylonischer Talmud, Awoda Zara 54b

9. Januar

Wessen Werke sind schöner?

Einst fragte der böse römische Statthalter, Tineius Rufus, den Rabbi Akiba: »Wessen Werke sind eigentlich schöner, die Werke Gottes oder die Werke der Menschen?« Rabbi Akiwa antwortete: »Die Werke der Menschen!«
Auf diese Antwort war der Statthalter natürlich nicht gefaßt, und er erwiderte: »Kannst du so etwas wie Himmel und Erde machen?« Darauf Akiwa: »Komm mir doch nicht mit Sachen, die außerhalb der menschlichen Macht liegen, sondern sprechen wir über etwas, das es unter den Menschen gibt.«
Rabbi Akiwa ließ nun Ähren vom Feld und schöne, ansehnliche Brote von der Bäckerei holen. Er zeigte auf die Ähren und sprach: »Das ist das Werk Gottes.« Dann wies er auf die Brote und sprach: »Und das ist das Werk der Menschen. Ist es nicht schöner als das Werk Gottes?«
Danach ließ Akiba Flachsbündel vom Feld und feine Kleider aus Beisan holen. Wiederum nannte er das Naturprodukt »Werk Gottes« und die Handarbeit nannte er »Werk des Menschen«. Dann wiederholte er seine Frage: »Ist denn das Werk der Menschen nicht schöner als das Werk Gottes?«

Midrasch Tanchuma

Wir sind das, was wir sein wollen

Jeder Mensch in Israel sollte wissen und begreifen, daß er einzigartig auf der Welt ist, … und daß er zu einer ganz bestimmten Aufgabe berufen ist.

Chassidisch

Es kommt gewiß, wie wichtig auch das sein mag, nicht so sehr auf das an, wofür andere uns halten, als auf das, was wir in Wahrheit sind. Wir sind aber das, was wir sein wollen.

Max Wiener

Vor seinem Tode sprach Rabbi Sußja: »Man wird mich in der künftigen Welt nicht fragen, warum ich nicht Moses gewesen bin. Warum ich nicht Sußja gewesen bin – das wird man mich fragen.«

Chassidisch

Jeder Mensch soll die Welt verbessern

Das Leben zu wählen und zu gestalten, das ist die Forderung, die das Judentum an den Menschen richtet.

Leo Baeck

Jeder Mensch wurde erschaffen, um etwas in der Welt zu verbessern. Also: Entweder er bedarf der Welt, oder die Welt bedarf seiner.

Baruch aus Niedzyboz

Tikkun Olam – die Vervollkommnung der Welt – wurde ein Schlüsselbegriff im Judentum, der die Wichtigkeit einer gemeinsamen Anstrengung für eine bessere Gesellschaft betont. Die kleinen Erfolge von Einzelpersonen können die messianische Zeit allmählich entstehen lassen.

Jonathan A. Romain

Allerlei gibt's im Leben zu tun

Wer nicht Künste versteht, grabe das Land um mit einer Hacke. Allerlei gibts im Leben zu tun, wenn nur tätig du sein willst. Willst als Schiffer du schiffen, dann bietet das Meer genügenden Raum. Willst Landbau du treiben: an Fluren und Feldern gibt es genug.

Pseudo-Phokylides

Unmögliches Wollen und Wünschen ist fast immer ein Zeichen der Faulheit.

Fanny Lewald

Alle Wege des Menschen sind gerade in seinen Augen.
Aber der Ewige prüft die Herzen.

Sprüche 21,2

Es ist unsere Aufgabe, den Ewigen zu preisen

Es ist unsere Aufgabe, den Ewigen, der alles in seinen Händen hält, zu preisen und die Größe des Schöpfers aller Anfänge anzuerkennen.

Aus der jüdischen Liturgie

Die Lippen sollen nicht bekennen, was dem Herzen fremd ist.

Gabriel Riesser

Das schönste Lied ist jenes, das den Gebildeten gefällt und zugleich vom Volk verstanden wird.

Mosche ibn Esra

Dir gefällt des Menschen Lied

Ich such' dich in der Frühe,
mein Schutz und meine Zuflucht;
am Morgen und am Abend,
mein Gott, bet' ich zu dir.

Vor deiner Größe steh' ich,
ich stehe voller Furcht,
denn alles, was ich denke,
ist dir, mein Gott, bekannt.

Die Zunge, der Verstand,
was können sie vollbringen?
Was ist schon meine Kraft,
mein Geist in meinem Innern?

Dir gefällt des Menschen Lied,
danken will ich dir dafür,
solang das Leben in mir wohnt,
das du mir schenkst, o großer Gott.

Salomo ibn Gabirol

DER MENSCH FLIEHT

Es rief der Ewige, Gott, dem Menschen zu und sprach zu ihm: »Wo bist du?«

Genesis 3,9

Schwerwiegender als Adams Essen der verbotenen Frucht war, daß er sich anschließend vor Gott versteckte, nachdem er gegessen hatte. So ist der Mensch: Er versteckt sich, er flieht, er hat ein Alibi. Gott ist weniger entfernt, als wir denken; wenn wir uns nach Gott sehnen, schwindet seine Ferne.

Abraham Joshua Heschel

Gott sagte zu Mose: »Siehe, ich stehe vor dir…« Der Heilige – Er sei gepriesen! – sagte damit: »Wo immer du die Fußspuren eines Menschen findest, da bin ich vor dir.«

Mechilta

16. JANUAR

Wo bist du in deiner Welt?

Wie ist es zu verstehen, daß Gott der Allwissende zu Adam spricht: »Wo bist du?« – Die Heilige Schrift ist ewig: Jede Zeit, jede Generation und jeder Mensch sind in ihr beschlossen. Darum auch fragt Gott zu jeder Zeit jeden Menschen: »Wo bist du in deiner Welt?«

Schne'ur Salman aus Reussen

Wieder einmal stehen die deutschen Juden vor der Frage der Bewährung, wieder ergeht an sie der Prophetenruf: Ihr seid meine Zeugen, spricht der Ewige. Es ist an ihnen, mit dem alten Worte der Bereitschaft zu antworten: »Hier bin ich«.

Ismar Elbogen

Der Ort, wo man steht

Es gibt etwas, was man an einem einzigen Ort in der Welt finden kann. Es ist ein großer Schatz, man kann ihn die Erfüllung des Daseins nennen. Und der Ort, an dem dieser Schatz zu finden ist, ist der Ort, wo man steht.

Martin Buber

Es ist von großem Vorteil, daß ein Mensch seinen konkreten Platz kennt und nicht glaubt, das ganze Universum sei nur für ihn da.

Moses Maimonides

Alles, was der Heilige – Er sei gepriesen! – in dieser Welt geschaffen hat, hat er nur aus dem Grund geschaffen, damit man ihn ehre, wie geschrieben ist (Jes 43,7): »Jeden, der nach meinem Namen benannt ist, habe ich zu meiner Ehre geschaffen, geformt und gemacht«. Und (Ex 15,18): »Regieren wird Gott bis in Ewigkeit!«

Sprüche der Väter 6,11

Verherrlicht und geheiligt werde Gottes großer Name

Verherrlicht und geheiligt werde Gottes großer Name
in der Welt, die Gott nach eig'nem Ratschluß schuf.
Gottes Reich erstehe in eurem Leben und zu euren Zeiten
und im Leben ganz Israels schnell und bald.
Darauf sprecht: Amen.
Gottes großer Name sei gepriesen, immerzu und bis in Ewigkeit!
Gottes Name sei gepriesen und gelobt,
Gottes Name sei verherrlicht und erhoben.
Gottes Name sei verehrt und gerühmt,
Gottes Name sei gefeiert und besungen.
Gepriesen sei er über allem Lob und jedem Lied,
hoch über allem Preis und jedem Trost der Welt.
Darauf sprecht: Amen.
Frieden in Fülle komme vom Himmel,
Leben für uns und ganz Israel.
Darauf sprecht: Amen.
Gott schafft Frieden in der Höhe.
Möge Gott uns und ganz Israel Frieden geben.
Darauf sprecht: Amen.

Das »Kaddisch«-Gebet aus der jüdischen Liturgie

In jedem Menschen ist ein Schatz

Am Anfang wurde nur ein einziger Mensch geschaffen, um dich zu lehren, daß, wenn jemand eine Seele vernichtet, es ihm die Schrift anrechnet, als hätte er eine ganze Welt vernichtet, und wenn jemand eine Seele erhält, es ihm die Schrift anrechnet, als hätte er eine ganze Welt erhalten. Auch wegen des Friedens unter den Menschen, damit niemand zu seinem Mitmenschen sagen kann: Mein Ahn war größer als deiner.

Mischna , Sanhedrin 4,5

In jedem Menschen ist ein Schatz, den es bei keinem anderen Menschen gibt.

Pinchas aus Korez

20. Januar

Meinetwillen ist die Welt erschaffen worden

Wenn ein Mensch mehrere Münzen mit einem Stempel prägt, so gleichen sie alle einander. Gott, der über alles regiert – Gottes Heiligkeit sei gepriesen! – prägt jeden Menschen mit dem Stempel des ersten Menschen, und doch gleicht nicht einer dem anderen. Daher muß auch jeder einzelne sagen: »Meinetwillen ist die Welt erschaffen worden.«

Mischna, Sanhedrin 4,5

Der Mensch ist für die Welt geschaffen worden, und nicht die Welt für ihn.

Mosche Chefez

21. Januar

Ich bin mit verantwortlich

Jeder einzelne soll sich sagen: Für mich ist die Welt geschaffen, daher bin ich mit verantwortlich.

Babylonischer Talmud, Sanhedrin 7b

Tausendfältig verzweifachte der Schöpfer das Tier und die Pflanze schon auf dem Plan der Schöpfung. Den Menschen aber brach er, geschaffen ins leuchtende Welteden gestellt, in zwei Hälften. Und so drängt es den Menschen, sich immer zu teilen, um sich wieder zu finden.

Else Lasker-Schüler

Wer sind unsere Brüder und Schwestern? Sind es nur die Mitglieder unserer Familie oder unserer Verwandtschaft, unseres Volkes oder unserer Nation? Alle Männer und Frauen, jeder Hautfarbe, jeder Religion und jeder Nation sind unsere Brüder und Schwestern. Wie Brüder und Schwestern sollen wir eine gemeinsame Identität empfinden. Wie Brüder und Schwestern sollen wir das Leid des anderen fühlen und uns für das Wohl des anderen einsetzen. Denn Gott, der uns erschuf, sorgt in gleicher Weise für uns alle. Daher sollen auch wir für einander sorgen.

John D. Rayner

Ein Mensch soll seinen Wert kennen

Der Mensch ist zuletzt geschaffen worden, damit wenn er hochmütig wird, ihm gesagt werden kann: Selbst die Fliege ist vorher als du ins Dasein gerufen worden.

Babylonischer Talmud, Sanhedrin 38a

Denke nicht gering über dich selbst und verzweifle nicht an der Vollkommenheit.

Moses Maimonides

Ein Mensch, der seinen eigenen Wert nicht kennt – wie kann dieser einen anderen schätzen?

Jaakob Jossef aus Polonnoje

Jeder Mensch muß zwei Taschen haben

Rabbi Bunam sprach zu seinen Schülern: »Jeder von euch muß zwei Taschen haben, um nach Bedarf in die eine oder andere greifen zu können: in der rechten liegt das Wort (Sanhedrin 4,5): ›Um meinetwillen ist die Welt erschaffen worden‹, und in der linken (Genesis 18,27): »Ich bin Erde und Asche.‹«

Bunam von Pzyscha

Es ist die Tragik im Dasein des Juden, daß er zwei Gefühle in seiner Seele vereinigt, das Gefühl des Vorrangs und das Gefühl der Brandmarkung.

Jakob Wassermann

Es liegt nicht an dir, das Werk zu vollenden

Der Mensch sät – doch ob er die Frucht essen wird, ist nicht sicher.

Babylonischer Talmud, Sukka 49b

Es liegt nicht an dir, das Werk zu vollenden, du bist aber auch nicht frei, es zu unterlassen.

Sprüche der Väter 2,21

Solange das Eisen im Feuer ist, kann man jedes Gerät daraus machen.

Awot de Rabbi Nathan 16

Nur ein Schritt zum Mittelpunkt der Welt

Jede Frage, die wir zu Ende denken, führt ins Überirdische. Von jedem Punkt, auf dem wir stehen, ist nur ein Schritt zum Mittelpunkt der Welt.

Walther Rathenau

Es ist nichts Unnatürliches darin, seine Bahn mit zwei Mittelpunkten zu laufen; einige Kometen tun es und die Planeten alle.

Moritz Heimann

Ich bin kein Pessimist – aber auch kein Optimist. Ich bin ein Meliorist, der davon überzeugt ist, daß diese Welt weder heil noch heillos ist, wohl aber heilbar – wenn viele kleine Leute viele kleine Schritte zum großen Ziel hin unternehmen.

Pinchas Lapide

Die Tragödie des zwanzigsten Jahrhunderts

Die Judenheit: Eine Gemeinschaft, die, als gläubige Minorität durch alle Generationen verfolgt, an der Menschwelt verzweifeln könnte. Der Mensch zeigt dem Juden fast immer nur seine widerlichste Fratze. Dennoch vergißt der Jude nie, wie hinter allem Unrecht, aller Gewalt, Gottes reien Welt sich verbirgt und erlöst werden will.

Robert Rafael Geis

27. Januar

Zeit

Wenn Zeit Geld ist, dann lebt jeder über seine Verhältnisse.

Ludwig Fulda

Sage nicht: Sobald ich Zeit dafür habe, werde ich lernen; vielleicht hast du nie dafür Zeit.

Sprüche der Väter 2,5

Rabbi Nachman sagte über das Gebet: »Man kann kein guter Jude sein, wenn man nicht täglich einen Teil seiner Zeit dem Zwiegespräch mit Gott widmet. Auch wenn es einem nicht gelingt, sich zu konzentrieren, darf man nicht aufgeben, sondern muß fortfahren, seine Gedanken in Worte zu fassen. Diese Worte sind wie Wassertropfen, die ununterbrochen auf den Felsen fallen, bis sie ihn aushöhlen. Auf die gleiche Weise durchdringen Worte das versteinerte Herz eines Menschen.

Chassidisch

Jeden Tag etwas erneuern

Wer nicht jeden Tag etwas erneuert, zeigt, daß er auch nichts Altes hat.

Ahron aus Karlin

Der Maggid von Kosnitz sagte: »Der Mensch muß jeden Tag aus seinem Ägypten ausziehen.«

Chassidisch

Immer wenn man denkt, es ändert sich nichts, ändert sich alles.

Walter Homolka

Glaube und Tun

Unter allen Vorschriften und Verordnungen des mosaischen Gesetzes lautet kein einziges: »Du sollst glauben oder nicht glauben«, sondern alle heißen: »Du sollst tun, oder du sollst nicht tun«.

Moses Mendelssohn

Wenn dem Wort die Gesinnung und den Gedanken die Handlungsweise entspricht, ist das Leben lebenswert und vollkommen.

Philo von Alexandrien

Ich weiß, du wirst mich halten

Bevor du mich geschaffen,
Hast du mich schon gekannt.
Ich weiß, du wirst mich halten,
Solang dein Geist wird walten
In meiner Seele Land.

Kann gehn ich, wenn dein Winken
Mich an die Stelle zwängt?
Kann ich denn bleiben stille,
Wenn mich dein heil'ger Wille
Mit Mächten vorwärts drängt?

Was kann ich denn noch sagen?
Mein Denken ist bei dir;
Was ist denn all mein Wandeln,
Was ist mein Tun und Handeln,
Bist du nicht über mir?

Ich kann dich ja nur suchen;
Und du: – Zur Gnadenzeit
Erhöre mich in Milde,
Und mach zu einem Schilde
Mir deine Huld bereit!

Erwecke mich am Morgen
Und mache mich recht wach,
Daß ich in frohen Weisen
Hinwalle, hochzupreisen
Dich unter deinem Dach!

Jehuda Halevi

FEBRUAR

UMWELT UND BÄUME
MACHT, REICHTUM UND GENUSS
ARMUT UND ALMOSEN

Der erste *Schwat* ist nach der Schule Schammais der Jahresanfang der Bäume; die Schule Hillels sagt, der fünfzehnte desselben.

Mischna, Rosch ha-Schana 1,1

In jenen Tagen, als der König Achaschwerosch saß auf seinem Königsthrone, der in *Schuschan*, in der Burg war, im dritten Jahr seiner Regierung, machte er ein Mahl für alle seine Fürsten und Diener … und ließ sehen den Reichtum und die Fülle des Königsreichs und die Pracht und den Glanz seiner Größe.

Ester 1,2-3

Die Bäume wählen einen König

Einst zogen die Bäume aus, um über sich einen König zu salben. Sie sprachen zu dem Ölbaum: Sei über uns König. Aber der Ölbaum sprach zu ihnen: Soll ich meine Fettigkeit lassen, darum mich Götter und Menschen ehren, und hingehen, um über den Bäumen zu schweben? Da sprachen die Bäume zum Feigenbaum: Komm du und sei König über uns. Aber der Feigenbaum sprach zu ihnen: Soll ich meine Süßigkeit lassen und meine guten Früchte und hingehen, um über den Bäumen zu schweben? Da sprachen die Bäume zum Weinstock: Komm du und sei König über uns! Aber der Weinstock sprach zu ihnen: Soll ich meinen Most lassen, der Götter und Menchen erfreut, und hingehen, um über den Bäumen zu schweben? Da sprachen alle Bäume zum Dornstrauch: Komm du, sei König über uns! Da sprach der Dornstrauch zu den Bäumen: Wollt ihr wirklich mich zum König über euch salben, so kommt, bergt euch in meinem Schatten! Wo nicht, so gehe Feuer aus vom Dornstrauch und verzehre die Zedern vom Libanon.

Richter 9, 8-15

1. Februar

Ich pflanze für die, die nach mir sein werden

In der Stunde, in der der Heilige – Gepriesen sei er! – den ersten Menschen erschuf, nahm er ihn, ließ ihn an allen Bäumen des Gartens Edens vorbeigehen und sprach zu ihm: »Sieh meine Werke! Wie lieblich und lobenswert sie sind! Und alles, was ich geschaffen habe, habe ich deinetwegen geschaffen. Präge dir dies ein, damit du meine Welt nicht beschädigst und zerstörst, denn wenn du sie beschädigst, gibt es keinen, der sie nach dir wieder herstellen könnte.

Midrasch Kohelet Rabba 7,13

Als ich in die Welt kam, fand ich sie durch die, die vor mir waren, gut ausgestattet vor; nun pflanze ich für die, die nach mir sein werden.

Babylonischer Talmud, Taanit 23a

2. Februar

In König Salomons Garten

In König Salomons Garten
schlafen die Bäume schon lang,
es stört ihr dumpfes Träumen
kein süßer Vogelsang.

Es schlafen die müden Sklaven,
wie tot sind die Fische zur Nacht.
Die sechzig Helden halten
bei des Königs Baldachin Wacht.

Sie stehen still wie versteinert,
die Schwerter gezückt in der Hand,
es wirft ihre Riesengestalten
der Mond auf die silberne Wand.

Ber Horowitz

Juden und Nichtjuden

Geh hinaus und sieh, wie das Volk sich benimmt, und benimm dich ebenso.

Babylonischer Talmud, Jewamot 7a

Im Zweistromland ist die Eigenart des Diasporajudentums ausgebildet worden, dieses Heimischsein in der Fremde und Fremdsein in der Heimat, das Aufgehen in der Umgebung und das Festhalten am Herkommen.

Ismar Elbogen

Unser Kampf gegen Assimilation ist sehr schwierig geworden, da wir uns keinem äußeren Feind mehr gegenübersehen. Wir sind viel stärker als frühere Generationen, denn wir gründen uns auf Tausende von Jahren an Geschichte, auf gefestigte Institutionen und Vorstellungen. Dem allem liegt jedoch die Kraft zugrunde, die wir seit den ersten Anfängen entwickelt haben: unsere Familie und die Hoffnung für die Zukunft. Wenn wir nur diese beiden Elemente besäßen, wäre es genug. Wir haben aber sehr viel mehr, so daß wir nicht nur überleben, sondern uns entwickeln können.

Walter Jacob

4. Februar

Die zähe Erhaltung der Juden in der Geschichte

Noch wunderbarer als die zähe Erhaltung der Juden in der Geschichte ist die Erhaltung und der Stoffwechsel des Judenhasses.

Berthold Auerbach

In den Augen der Lebenden ist der Jude wie ein Toter: In den Augen der Bürger ein Fremder, in den Augen der Ansässigen ein Vagant.

Jehuda Löw Pinsker

Wenn wir nicht konkret mit der vorgelebten Entfeindungsliebe beginnen, dann wird die Feindschaft weiter wuchern.
Wenn wir nicht bald mit der Verständigung-von-Unten anfangen, mit dem Dialog, dem Trialog und dem Multilog unter allen Religionen, Ideologien und Überzeugungen, mit dem Abbau von Feindbildern und Vorurteilen, mit dem Akzeptieren des Andersseins unserer Gesprächspartner und ihrer Heilslehren und der Einsicht, daß keiner von uns die ganze Wahrheit oder den einzigen Zugang zu ihr besitzt – hier und heute noch, zu Hause, bei der Arbeit und in jedem Dorf und in jeder Stadt, – dann werden so manche Machthaber weiterhin ihre Pflugscharen zu Schwertern umschmieden.

Pinchas Lapide

5. Februar

Gäste auf diesem Planeten

Wir sitzen an den Strömen Deutschlands, aber wir weinen nicht. Wohl legen wir die Harfe beiseite, aber nur um umso kräftiger die Geräte der Arbeit zu schwingen. Wir singen kein neues Lied, sondern die alte ewige Melodie unseres Judesein und unserer jüdischen Erhaltung.

Alfred Hirschberg

Ich werde die Überzeugung nicht los, daß die Qual und die geheimnisvolle Unverwüstlichkeit im Judentum eine unbequeme Wahrheit veranschaulichen und darstellen: Daß die Menschen lernen müssen, auf diesem kleinen Planeten gegenseitig Gäste zu sein.

George Steiner

6. Februar

Wovon der Mensch sich am meisten fernhalten soll

Da sprach Haman zum König Ahaschwerosch: Da ist ein Volk, zerstreut und versprengt unter die Völker, durch alle Landschaften deines Königsreichs... Wenn es dem König gefällt, werde ausgeschrieben, sie zu vernichten.

Ester 3,8-9

Rabban Jochanan ben Zakkai sagte einmal zu seinen Schülern: Brecht auf und erforscht, wovon der Mensch sich am meisten fernhalten sollte. Rabbi Eliëser sagte: Einen mißgünstigen Blick zu haben. Rabbi Jehoschua sagte: Ein falscher Freund zu sein. Rabbi Jose sagte: Ein böser Nachbar zu sein. Rabbi Schim'on sagte: Etwas zu borgen und nicht zurückzuzahlen; etwas von einem Menschen zu borgen ist, als würde man von Gott borgen. ... Rabbi El'asar sagte: Ein böses Herz zu haben. Er sagte zu ihnen: Ich gebe den Worten von Rabbi El'asar ben Arach den Vorzug, denn in seinen Worten sind alle eure Worte enthalten.

Sprüche der Väter 2,14

7. Februar

Sieh nicht auf den Krug

Sieh nicht auf den Krug, sondern auf das, was darin ist; mancher Krug ist neu und voll alten Weins und manch alter Krug hat nicht einmal neuen Wein in sich.

Sprüche der Väter 4,27

In leerem Krug der Pfennig klappert; so auch der Ignorant, der plappert.

Babylonischer Talmud, Baba Mezia 85b

In allem gibt es mindestens ein Achtel
Tod. Es wiegt nicht viel.
In verborgener, friedlicher Anmut
tragen wir es mit uns,
überall hin.
Beim lieblichen Erwachen,
auf unseren Reisen,
in unseren Flirts,
unbewußt,
vergessen
in allen Ecken unseres Seins –
stets mit uns,
und niemals schwer.

Leah Goldberg

Der richtige Lebensweg

Welches ist der richtige Lebensweg, den ein Mensch wählen soll? – Es ist jeder, der einem in den eigenen Augen und in den Augen der anderen Menschen Ehre verschafft.

Sprüche der Väter 2,1

Wer keine Freude an der Welt hat, an dem hat die Welt auch keine Freude.

Berthold Auerbach

Te Deum

Nicht aufgrund von Siegen singe ich,
– es gibt keine –,
nein, aufgrund des Sonnenstrahls
und des Windhauchs
und der Freigebigkeit des Frühlings,

nicht für einen Sieg,
sondern für das Tageswerk
wie auch für das, zu dem ich fähig war;
nicht für einen Platz auf dem Podium,
sondern am gewöhnlichen Tisch.

Charles Reznikoff

Den Feind zum Freund machen

Wer ist mächtig unter den Mächtigen? Wer seine Leidenschaften kontrolliert und sich den Feind zum Freund macht.

Awot de Rabbi Nathan

Wenn du den verlaufenen Ochsen deines Feindes oder seinen Esel triffst, so bring ihn ihm zurück. Wenn du den Esel deines Feindes unter seiner Last zusammenbrechen siehst, so sollst du davon abstehen, ihm die Sorge zu überlassen. Du sollst mit ihm zusammen aufhelfen.

Exodus 23,4-5

Aus der Verneinung entsteht Partei, nicht Bewegung.

Walther Rathenau

10. Februar

Verantwortung für den Mitmenschen

Wo es an Menschen fehlt, die Verantwortung tragen können, da übernimm du Verantwortung.

Sprüche der Väter 2,6

Das Judentum besitzt von der Zeit seiner Propheten her den Gedanken der Verpflichtung gegen den Mitmenschen und der Verantwortung für ihn; vom Judentum ist dieser sittlich-soziale Gedanke der Welt gegeben worden. Er hat hier den dynamischen Charakter, d.h. er wirkt als eine Forderung, die an den Menschen gerichtet ist, und in der, von Geschlecht zu Geschlecht mehr, die Gesinnung gestaltet wird.

Leo Baeck

Vom Umgang mit Macht

Rühme dich nicht vor dem König, und an dem Platz der Großen stelle dich nicht!
Besser man sagt zu dir: rücke hier herauf, als daß man dich vor einem Edlen herabsetzt.

Sprüche 25,6-7

So wie die Thora den König mit den höchsten Ehren und Würden bekleidet und allen befiehlt, die königliche Majestät zu verehren, ebenso verpflichtet sie den König, bescheiden seines hohen Amtes zu walten, sich nicht hoch- und übermütig dem Volke gegenüber zu benehmen; vielmehr zeige er sich gnädig und voller Erbarmen gegen Klein und Groß, stets sorge er für das Wohl des Staates und seiner Glieder und schätze nicht gering die Ehre des Kleinsten seiner Untertanen.

Moses Maimonides

Minister fallen wie Butterbrote: Immer auf die gute Seite.

Ludwig Börne

Seid achtsam

Seid achtsam, wenn ihr es mit Mächtigen zu tun habt, die Menschen zu ihrem eigenen Vorteil an sich binden. Sie erscheinen wie Freunde, solange man ihnen nutzt, stehen einem aber nicht zur Seite, wenn man in Not geraten ist.

Sprüche der Väter 2,3

Das eben ist das Unglück der Könige, daß sie die Wahrheit nicht hören wollen.

Johann Jacoby

Die, welche sprechen: Uns're Zunge ist frei;
der Mund ist unser; wer meistert uns?
Da ihr die Armen bedrücket,
da die Geplagten seufzen,
so will ich aufstehen, spricht Gott,
will Heil versichern dem,
den sie wie Staub weghauchen.

Psalm 12,5f.

13. Februar

Sich bücken

Findet ein Mensch eine glänzende Münze auf der Straße, bückt er sich blitzschnell, um diese aufzuheben. Aber wenn es um die Menschen geht, da erhebt er sich in höchste Höhen und weigert sich, sich zu bücken, auch nicht einen Millimeter.

Jizchak aus Ger

Rabbi Schlomo von Karlin sagte: »Wenn du einen Menschen aus Dreck und Schlamm emporheben willst, glaube nicht, daß du oben bleiben kannst und es ausreicht, ihm eine hilfreiche Hand zu reichen. Du selbst mußt ganz in den Dreck und Schlamm hinabsteigen. Ergreife ihn mit festen Händen und führe ihn und dich ans Licht zurück.«

Chassidisch

Zieht mich herauf aus Mördergrube, aus sumpfig zähem Schlamme.
setzt auf Felsen meine Füße,
macht meine Tritte fest!

Psalm 40,3

14. Februar

Lebensweisheit

In Gibeon erschien der Ewige Schelomo im Traum, und Gott sprach: Wünsche, was ich dir geben soll!« Da sprach Schelomo: »Du hast deinem Knecht, meinem Vater David, große Liebe getan, so wie er vor dir wandelte in Wahrhaftigkeit und Rechtlichkeit und in Herzensgradheit bei dir, und hast ihm diese große Liebe gewahrt, daß du ihm einen Sohn gabst, der auf seinem Thron sitzt, wie diesen Tag. ... Gib deinem Knecht ein verständig Herz, dein Volk zu richten, zu unterscheiden zwischen Gut und Böse, denn wer kann sonst dieses dein großes Volk richten?«
Das war es recht in den Augen des Herrn. Und Gott sprach zu ihm: »Dafür, daß du dies gewünscht hast und dir nicht viele Tage gewünscht und dir nicht Reichtum gewünscht und nicht das Leben deiner Feinde, sondern dir Einsicht gewünscht hast, die Rechtsführung zu verstehen, sieh, so tue ich nach deinem Wort. Sieh, ich gebe dir ein weises und einsichtsvolles Herz, wie deinesgleichen vor dir nicht gewesen ist und nach dir deinesgleichen nicht erstehen wird. Aber auch, was du nicht gewünscht hast, gebe ich dir, so Reichtum wie Ehre, wie deinesgleichen keiner gewesen ist unter den Königen all deine Tage. Und wenn du in meinen Wegen wandelst, meine Satzungen und meine Gebote zu wahren, wie dein Vater David gewandelt ist, so will ich deine Tage lange währen lassen.« Da erwachte Salomo und sieh, es war ein Traum.

1. Könige 3,5f.9-14

Reichtum

Wem sein Vater viel Geld hinterlassen hat, und er will es verlieren, der soll gläsernes Geschirr benützen und viele Knechte mieten und sie nicht überwachen.

Babylonischer Talmud, Baba Mezia 29b

Wenn du geborgt hast, geschah es, um zurückzuzahlen, und wenn du anderen geliehen hast, geschah es, um zurückzufordern.

Derech Eretz Suta 3

Der Reichtum dreht sich wie ein Rad um die Welt.

Babylonischer Talmud, Schabbat 151b

Nur ein ausgetrockneter Acker trinkt durstig Wasser, ein getränkter Acker, der zuviel begossen wird, wird zu Lehm. Nur der Arme braucht Geld für seinen Lebensunterhalt, der Reiche erzeugt mit Hilfe seines Geldes Lehm, in dem er dann versinkt.

Mosche aus Makarow

16. Februar

Wer ist weise?

Wer ist zu heißen »Weiser« wert? –
Wer sich von jedermann belehrt.
Wer ist ein »Held« zu heißen wert? –
Wer seinen Trieb bezwingt, zerstört.
Wer ist zu heißen »Reicher« wert? –
Wer freudig nimmt, was ihm beschert.
Wer ist »geehrt« zu werden wert? –
Wer selber auch die Menschen ehrt.

Sprüche der Väter 4,1

»Wer ist ein kluger Kopf? Der, der von jedem Menschen lernt! Dies bedeutet, jeder soll an jedem Fehler seines Nächsten auch seine eigenen Fehler finden.

Baal Schem Tow

Beim Sturz deines Feindes sollst du nicht lachen, bei seinem Straucheln soll dein Herz nicht frohlocken.

Sprüche 24,17

17. Februar

Es rühme dich ein anderer

Ist ein Mensch arm und notleidend, dann gibt er dafür die Schuld nicht sich selbst, sondern er macht Gott dafür verantwortlich. Aber der reich gewordene Mensch rühmt sich und prahlt: »Meine Kraft und Stärke haben das alles bewirkt« (Dtn 8,17).

Mosche aus Kosnitz

Wenn einer hochmütig ist, so spricht Gott: Er und ich können nicht in derselben Welt wohnen.

Babylonischer Talmud, Sota 5a

Es rühme dich ein anderer und nicht dein Mund, ein Fremder und nicht deine Lippen.

Sprüche 27,2

Die Demut

Die Demut ist die Krone der Weisheit.

Derech Erez Suta

Die Demut ist in ihrem Grunde das Bewußtsein von dem, was dem Menschen durch Gott gegeben, das Bewußtsein davon, daß er durch Gott allein ist; sie ist ein Wissen um das Geheimnis, um die Tiefe.

Leo Baeck

Die Demut ist wie ein Mantel; manchmal muß man sie auch ablegen!

Dow Bär aus Mesritsch

19. Februar

Ruhm, Ehre und Begeisterung

Strebe nicht nach deinem eigenen Ruhm und nach deiner eigenen Ehre. Wichtiger als die Gelehrsamkeit ist das Tun. Strebe nicht nach dem Tisch der Mächtigen, denn dein Tisch ist besser als ihr Tisch, und deine Krone ist glanzvoller als ihre Krone.

Sprüche der Väter 6,5

Wer glühende Begeisterung haben will, soll diese nicht auf den Berggipfeln suchen, wo man nur Sturm erntet. Er soll sich lieber bücken und sie unter der Asche suchen.

Dow Bär aus Mesritsch

20. Februar

Neid, Genußsucht und Ruhmsucht

Neid, Genußsucht und Ruhmsucht schaden der Seele eines Menschen.

Sprüche der Väter 4,28

Groß ist, wer mit seinem Teil zufrieden ist und sich von seiner Arbeit ernährt, denn durch diese große Eigenschaft wird er vor vielen Sünden bewahrt: vor Neid und Begehrlichkeit, vor Diebstahl und Raub.

Midrasch Gadol u-gedola 14

Es geht also darum, wie wir uns in den ganz alltäglichen Situationen unseres Lebens verhalten: wie wir unsere Familie und unsere Freunde behandeln; wir wir mit den Leuten, mit denen wir arbeiten, aber auch mit denen, die für uns arbeiten, umgehen. Es geht um die Sorgfalt, mit der wir unsere Pflichten sowohl den Toten als auch den Lebenden gegenüber erfüllen; um die Art, in der wir denen gegenübertreten, die uns brauchen; um die Verantwortung, die wir für die übernehmen, die wir lieben, und um die Art, in der wir versuchen, mit denjenigen, mit denen wir Streit haben, wieder ins reine zu kommen. … In diesen Alltagsrealitäten sollen wir die religiösen Wahrheiten unseres Lebens suchen.

Jonathan Magonet

21. Februar

Keine Festfreude ohne Wein

Keine Festfreude ohne Wein.

Babylonischer Talmud, Pessachim 109a

Der Mensch wird einst darüber zur Rechenschaft gezogen, daß er erlaubten Genüssen, die er sich hätte gönnen können, entsagt hat.

Jerusalemer Talmud, Qidduschin 4,12

Es könne jemand sagen: Da doch Neid, Begehrlichkeit, Ehrsucht und ähnliches schlechte Eigenschaften sind, will ich mich von alledem mehr und mehr ab- und dem andern Extrem zuwenden: kein Fleisch essen und keinen Wein trinken und ehelos bleiben, nicht schön wohnen und sich nicht schön kleiden. Auch das ist eine schlechte Lebensführung, die verboten ist.

Moses Maimonides

22. Februar

Der Schlaf

Der Schlaf bis in den Vormittag, Wein am Mittag, kindisches Geschwätz und der Aufenthalt an den Versammlungsorten der Ungebildeten schaden der Seele eines Menschen.

Sprüche der Väter 3,14

Liebe nicht den Schlaf, daß du nicht verarmst; tu auf deine Augen, damit du satt werdest.

Sprüche 21,25

Rabbi Sussja sagte: »Auch der Schlaf ist ein Dienst an Gott. Wer im Dienst Gottes an Heiligkeit wachsen will, muß das Stadium des Schlafes durchlaufen. Er muß auf das verzichten, was er am meisten liebt, um einen neuen Geist zu empfangen. Das geschieht im Schlaf, und hier liegt sein Geheimnis. Auch der Schlaf ist ein Dienst an Gott.«

Chassidisch

Der Genuß

Der Genuß ist ein Aristokrat, der sich im Gedränge nicht leicht zu einem gesellt.

Paul Nathan

Das Judentum bezeichnete diese Erde nicht als ein Jammertal, malte nicht den jenseitigen Lohn aus; es verlangte nie, daß man diese Erde zerstöre als ein Nichtiges und Sündiges, es wollte nicht, daß das Erdenleben geknickt werde, weil es bloß eine Prüfung sei. Diese krankhafte, sentimentale Stimmung kennt das Judentum nicht.

Abraham Geiger

Zufriedenheit

Wenn es auf der Welt das nicht gibt, was du begehrst – begehre, was es gibt.

Mosche ibn Esra

Wer nicht zufrieden ist mit dem, was er hat, der wäre auch nicht zufrieden mit dem, was er möchte.

Berthold Auerbach

Der Arme kann während seiner kargen Mahlzeit Gelüste empfinden, die der Reiche bei seinem üppigen Gelage niemals erlebt.

Elimelech aus Lisensk

25. Februar

Mein und Dein

Liebe deinen Nächsten wie dich selbst!

Levitikus 19,18

Vier verschiedene Haltungen gibt es unter den Menschen: Die einen sagen: »Das Meinige ist meines und das Deinige ist deines« – dies ist die durchschnittliche Haltung und manche meinen, dies sei die egoistische der Menschen von Sodom. »Das Meinige ist deines und das Deinige ist meines« – die Haltung der Dummen. »Das Meinige ist deines und das Deinige ist deines« – die Haltung der Frommen. »Das Deinige ist meines, und das Meinige auch meines« – die Haltung des Bösen.

Sprüche der Väter 5,13

Arme und Reiche begegnen einander

Wer den Armen verspottet, ist wie einer, der Gott lästert.

Sprüche 17,3

Wer bettelnd lebt von milden Händen, auch der muß Ärmeren noch spenden.

Babylonischer Talmud, Gittin 7b

Fliehe lieber, als daß du anderen mit deinem Gut bürgst; fliehe lieber, als daß du andrer Gut in deiner Hut birgst.

Babylonischer Talmud, Jewamot 109a

Arme und Reiche begegnen einander. Der Schöpfer aller ist der Ewige.

Sprüche 22,2

Geben verwandelt

Das Wohltun ist nur dann von Wert, wenn es mit Wohlwollen und Güte geübt wird.

Babylonischer Talmud, Sukka 49b

Der vollkommene Wohltäter ist der, welcher – sei es viel oder wenig – gibt, bevor er gebeten wurde.

Orchot Zadikim

Das Geben verwandelt den Drang eines Menschen, grausam zu sein, in herzliche Güte. Dies ist der wichtigste Dienst des Gebens.

Nachman von Braclaw

Wir sind nicht da um des Besitzes willen

Darum hoffen wir darauf, Ewiger, unser Gott, daß deine Stärke bald für uns sichtbar wird, daß die Anbetung des Geldes von der Erde verschwinden und daß Vorurteile und Aberglaube ausgerottet werden.

Aus der jüdischen Liturgie

Wir sind nicht da, um des Besitzes willen, nicht um der Macht willen, auch nicht um des Glückes willen, sondern wir sind da zur Verklärung des Göttlichen aus menschlichem Geiste.

Walther Rathenau

29. Februar

März

Liebe, Freundschaft, Nächstenliebe
Die Liebe Gottes
Liebe zu Gott

Der Segen eines Freundes hat im Himmel viel mehr Bedeutung als die Empfehlung des Engels Michael.

Baal Schem Tow

Ich verlobe mich dir für ewige Zeiten.
Ich verlobe mich dir in Recht und Gerechtigkeit,
in Liebe und Erbarmen.
Ich verlobe mich dir in Treue
– und du wirst den Ewigen erkennen.

Hosea 2,21-22

Alles wirkliche Leben ist Begegnung

Alles wirkliche Leben ist Begegnung.

Martin Buber

Das Ziel, das jeder Mensch anstreben soll, ist, zuerst seine eigenen Eigenschaften zu verbessern, und dann erst die seines Nächsten.

Mosche ibn Esra

Nimm das Joch des Reiches Gottes auf dich; einer ertrage den anderen in der Furcht Gottes; einer behandle den anderen mit Barmherzigkeit.

Midrasch Sifre Deuteronomium 32,39

1. März

Sich selbst lieben

Es gibt keinen einsameren Menschen als den, der nur sich selbst liebt.

Abraham ibn Esra

Wenn ich selbst nicht zu mir stehe, wer dann?
Wenn nur ich selbst zu mir stehe, was bin ich?
Wenn nicht jetzt, wann dann?

Sprüche der Väter 1,14

Jeder von uns ist für einen kurzen Aufenthalt hier; keiner weiß, zu welchem Zweck, obwohl man manchmal glaubt, man ahne ihn. Doch ... wir wissen es aus unserem täglichen Leben, daß wir um der andern willen hier sind.

Albert Einstein

Nicht alle, die beliebt sind, sind geliebt

Nicht alle, die beliebt sind, sind geliebt.
Nicht alle, die verhaßt sind, sind gehaßt.
Einige sind von Menschen gehaßt und von Gott geliebt.
Verhaßte sind wir, denn wir lieben dich, heiliger Gott.

Jannai

Geliebt ist der Mensch, denn er wurde nach Gottes Bild erschaffen. Größere Liebe war es, daß ihm gesagt wurde, daß er nach Gottes Bild erschaffen wurde.

Sprüche der Väter 3,18

Noch so viele Wasser können Liebe nicht löschen, und Flüsse können sie nicht fortspülen.

Hoheslied 8,7

Liebe ist die Stimme Gottes. Liebe ist das Gesetz des Himmels.

Grace Aguilar

3. März

Wer liebt, bringt Gott und Welt zusammen

Wer liebt, bringt Gott und die Welt zusammen.

Martin Buber

An drei Stellen gebietet uns die Thora, zu lieben: zuerst in Levitikus 19,18: »Du sollst deinen Nächsten lieben wie dich selbst«, dann in Levitikus 19,34: »Wie der Einheimische unter euch sei der Fremde, der sich bei euch aufhält, und du sollst ihn lieben wie dich selbst«. Dort wird uns geboten, Menschen zu lieben. Im Deuteronomium schließlich wird unsere Liebe auf Gott ausgerichtet, Deuteronomium 6,5: »Du sollst lieben den Ewigen, deinen Gott«. – Erst nachdem wir gelernt haben, die Menschen zu lieben, können wir anfangen, Gott zu lieben.

Chassidisch

Bevor jemand zu beten beginnt, sollte er sich darauf konzentrieren, seine Mitgeschöpfe zu lieben.

Isaak ben Solomon Luria ha-Ari

4. März

Heut zur Nacht im Traum

Heut zur Nacht im Traum
ist zu mir gekommen
eine Jugendgeliebte, zart
hat sie mich bei der Hand genommen.

Eine süße Trauer
hat mein Herz beklemmt.
Im wachen Leben
sind wir uns fremd.

Wie sich scheiden zwei Wasser
gingen wir voneinand,
jetzt bindet mich zu einer andern
ein heilig Band.

Dürfen heilige Ketten
dir das Herz abbinden?
Können geschiedene Wasser
wieder zusammenfinden?

Ber Horowitz

Liebe ist …

Einen anderen Menschen zu lieben, ist nicht nur ein heftiges Gefühl –
es ist eine bewußte Entscheidung, ein Werturteil, ein Versprechen.

Erich Fromm

Liebe ist Last – gesegnet, wer Schwere trägt.

Richard Beer Hoffmann

Wenn man fünf Minuten vor einem plötzlichen Tod gewarnt werden würde, fünf Minuten hätte, um sagen zu können, was es einem alles bedeutet hat, dann wäre jede Telefonzelle der Welt von Menschen besetzt, die stammelnd anderen Menschen beteuerten, daß sie sie lieben.

Christopher Morley

6. März

Wenn Liebe zweckgebunden ist

Wenn Liebe zweckgebunden ist, endet sie mit dem Zweck. Wenn aber Liebe nicht zweckgebunden ist, wird sie niemals enden. Welche Liebe war zweckgebunden? – Ammons Liebe zu Tamar (2. Samuel 13). Welche Liebe war nicht zweckgebunden? – Davids Liebe zu Jonathan (1. Samuel 18).

Sprüche der Väter 5,19

Die wahre Liebe ist die, die jemand für einen geliebten Menschen empfindet, allein um seiner selbst willen… Solche Liebe wird andauern, solange der geliebte Mensch lebt. Da Gott ewig lebt, hört die Liebe zu Gott niemals auf.

Moses Maimonides

Und wenn man nicht mehr lieben und hassen darf, wo bleibt dann der Reiz des Lebens?

Arthur Schnitzler

Man muß sich Liebe verdienen

Im Leben eines jeden Menschen gibt es den schönen Tag, an dem man Liebe findet ohne Sorge und Schwierigkeit. Wenn aber dieser Tag vergangen ist, muß man die Liebe verdienen, wie man sich sein Brot verdient im Schweiße seines Angesichts.

Ludwig Börne

Heiße Nächte
haben ausgetrunken
unser Stammeln.
Wir haben uns nackt
gewälzt auf Rosen.
Wieviel Liebeslieder
sind damals gestorben.
Heut atmen ruhig
unsere Lungen
wie frühe Fluren
in Zephirwinden …
Wie Mädchenbrüste
schwanger voll Milch:
so weckt sich
in den Fingern uns
mächtig ein Verlangen
zu streicheln
wie goldene Früchte
blonde Kinder-Köpfchen.

Ber Horowitz

David geht von Jonathan
(Medardus, dem Freunde)

O siehe unsre wilden Knabenspiele
Sind wie ein altes Kleid nun abgetan.
Und weggerückt sind unsrer Jugend Ziele,
Ach sieh, die Räder unsrer Schicksalsmühle
Zerrieben sie, mein Jonathan.

Gemahnt dich noch der helle Glanz der Tage,
Die wir durchmaßen auf vereinter Bahn:
Sie liegen fern wie eine schöne Sage
Und was uns blieb, ist Abschied nur und Klage
Und ein Gelöbnis, du mein Jonathan.

Die Sterne scheiden schon in Morgens Dunst:
Hörst du, im Tale kräht der Hahn?!
Und gleich den Sternen wich des Königs Gunst –
Sein Grimm entfachte eine Feuersbrunst
Ob unsern Häuptern, du mein Jonathan.

Reich mir noch einmal die vertrauten Hände,
Neig mir die Stirne, die ich lieb gewann.
Ich weiß nicht, ist es Ende oder Wende
– Gleichviel, ich reite ins Gelände –
– Und reiße mich von dir, mein Jonathan.

Schalom Ben-Chorin

Erwirbst du einen Freund…

Erwirbst du einen Freund, so erwirb ihn durch Erprobung und schenk ihm nicht zu schnell dein Vertrauen.

Sirach 6,7

Zahlreich mögen deine Freunde sein, aber offenbare dein Geheimnis höchstens einem unter tausend.

Babylonischer Talmud, Jewamot 63b

Wenn Menschen ihre Interessen besser, erfolgreicher durchsetzen zu können meinen, dadurch, daß sie gleiche oder ähnliche Interessen zusammentun, dann entsteht ein gesellschaftlicher Verband. Wenn aber Menschen nicht weniger als ihr … *Leben* zusammentun, miteinander leben wollen …, dann entsteht als Schicksal und Berufung zwischen den Menschen Gemeinschaft.

Martin Buber

Ein treuer Freund

Ein treuer Freund ist eine lebenspendende Arznei, und die, die Gott achten, werden solche Freundschaft finden.
Wer Gott achtet, hält rechte Freundschaft, denn wie man selbst, so sind auch die Menschen, die einem nahe stehen.

Sirach 6,16 u. 17

Takt bedeutet die gerechte Ausgleichung zwischen dem eigenen Gefühl und dem des andern, mit der Maßgabe, daß im Zweifel das Recht des eigenen Ich dem Recht des andern zu weichen hat.

Ludwig Bamberger

Feinde

Seine Feinde muß man nehmen, wie und wo man sie findet, meine Freunde kann ich mir aussuchen – glücklicherweise.

Arthur Schnitzler

Wer ist der größte der Helden? Der sich den Feind zum Freunde macht.

Awot de Rabbi Nathan 23

Wenn dein Feind hungrig ist, speise ihn mit Brot, wenn er durstig ist, tränke ihn mit Wasser.

Sprüche 25,21

Wenn dich jemand verletzt hat, friß es nicht in dich hinein und schweige. Stelle ihn zur Rechenschaft und sage: »Warum hast du mir das getan?«

Moses Maimonides

Dem Menschen wurden zwei Augen gegeben

Dem Menschen wurden zwei Augen gegeben, damit er mit einem Auge die guten Eigenschaften seines Nächsten und mit dem anderen seine eigenen Fehler sehe.

Meïr aus Przemysl

Mit dem Maß, mit dem der Mensch mißt, wird er auch gemessen.

Babylonischer Talmud, Sota 8b

Verurteile deinen Nächsten nicht, bevor du nicht in seine Lage gekommen bist.

Sprüche der Väter 2,5

Wer anders bei sich denkt, als er dann spricht…

Der Ursprung allen Konflikts zwischen mir und meinen Mitmenschen ist, daß ich nicht sage, was ich meine, und daß ich nicht tue, was ich sage.

Martin Buber

Du sollst einen Menschen, der taub ist, nicht verfluchen und einem Menschen, der blind ist, kein Hindernis in den Weg legen.

Levitikus 19,14

Drei sind verhaßt vor Gottes Angesicht: Wer anders bei sich denkt, als er dann spricht; wer Zeugnis geben kann und gibt es nicht; und schließlich wer verleumdet vor Gericht.

Babylonischer Talmud, Pessachim 113b

Eine Person anerkennen

Eine Person anzuerkennen ist das Bekenntnis, daß sie unersetzlich ist.
Sie zu verletzen bedeutet, ihr zu sagen, daß sie entbehrlich ist, daß sie nicht gebraucht wird.

Joseph B. Soloveitchik

Das Fünfwort des Miteinanders

Zur Anbahnung eines besseren Miteinanders sollten wir alle uns auf fünf bewährte Tugenden besinnen:

1. Konfliktfähigkeit –
   ohne Abbruch von Brücken –, um gewaltlos Kontroversen zu bewältigen.
2. Dialogbereitschaft –
   in allen Bereichen der Gesellschaft, von der Religion bis in die Politik.
3. Kompromißwille –
   mit uns selbst zuerst, aber auch mit dem Gegner, der jedoch entfeindet werden soll.
4. Einfühlsamkeit –
   in Kopf und Herz der Kontrahenten, deren Schmerzgrenze nicht überschritten werden darf.
5. Geduld –
   ganz im Sinne jenes Rabbis, der da sagte: Jede Streitfrage hat, zutiefst gesehen, drei Seiten: deine Seite – meine Seite – und die richtige Seite.

Pinchas Lapide

Fremdes Eigentum schützen

Man soll von seinem Nächsten immer nur das Gute sagen und auch dessen Vermögen schützen, wie man sein eigenes Vermögen schützt.

Moses Maimonides

Wer das Werk seines Nächsten als das seine ausgibt, gleicht dem, der Ehebruch begeht.

Nachman von Braclaw

Gewalt und Zerstörungswut sind die Kehrseite von Heiligkeit und Glaube. Und Religion kann jeder der beiden Seiten dienen. Sie kann für das Gute und für das Böse eingesetzt werden. Deshalb brauchen wir die Worte der Propheten. Sie fordern uns zur Selbstprüfung und Selbstkritik heraus. Sie rufen uns auf, unser Tun an den besten Werten unserer Überlieferung zu messen. Sie fordern aber auch, daß wir mit Nüchternheit und Aufrichtigkeit unsere gegenwärtige Situation in unserer Gesellschaft betrachten.

Jonathan Magonet

16. März

Die Arbeit der Verleumder

Wer seinen Nächsten schmäht, dem fehlt der Verstand; aber ein einsichtiger Mann schweigt.

Sprüche 11,12

Das ist die Arbeit der Verleumder: Sie beginnen mit Gutem und enden mit Bösem.

Midrasch Tanchuma

Die Verleumdung tötet drei Menschen: Den Verleumder selbst, den, der die Verleumdung mit anhört, und den, der verleumdet wird.

Babylonischer Talmud, Arachin 15b

Die Thora verurteilt das Vergießen »des Bluts des Menschen im Menschen« (eine wörtliche Übersetzung von Gen 9,6). – Gott fordert Strafe auch von dem Menschen, der seinen Mitmenschen öffentlich demütigt, dessen Blut »vergossen wird«, weil er veranlaßt wurde, in Scham zu erröten.

Chafetz Chajim

Das Recht des Fremden

Hast du Gelegenheit, eine Wohltat zu vollbringen, so unterlaß es nicht.

Mechilta 21

Solange der Tempel stand, löste das Opfer von der Sünde. Jetzt löst die Gastfreundschaft.

Babylonischer Talmud, Berachot 55a

Wer das Recht des Fremden verletzt, der verletzt das Recht Gottes.

Babylonischer Talmud, Chagiga 5a

18. März

Achtet auf die Armen

Achtet auf die Armen, denn von ihnen wird die Lehre ausgehen.

Babylonischer Talmud, Nedarim 85b

Der Sassower gab einmal einem übelrüchigen Menschen sein letztes Geld hin. Die Schüler warfen es ihm vor: »Soll ich«, sagte er, »wählerischer sein als Gott, der es mir gegeben hat?«

Chassidisch

Es gibt acht Stufen der Wohltätigkeit (»Zedaqa«): Die erste, höchste Stufe: Dem Bedürftigen die Möglichkeit geben, sich selbständig zu ernähren. Die zweite Stufe: Wohltätig sein in einer Weise, daß der Spender und der Bedürftige nicht voneinander wissen. Die dritte Stufe: Der Wohltäter weiß, wem er gibt: Aber der Arme erfährt nicht den Namen des Spenders. Die vierte Stufe: Der Gebende kennt nicht den Namen des Bedürftigen, aber dieser kennt den Spender. Die fünfte Stufe: Geben, bevor man gebeten wird. Die sechste Stufe: Geben, nachdem man darum gebeten wird. Die siebte Stufe: Zwar nicht ausreichend geben, aber doch mit Freundlichkeit. Die achte, niedrigste Stufe: Mit Unfreundlichkeit geben.

Moses Maimonides

Zwischen Ich und Du steht kein Zweck

Es gibt eine Art des Wohltuns auf Gutglück, die auch nichts ist als Gemütsgenußsucht.

Fanny Lewald

Die Beziehung zum Du ist unmittelbar … Zwischen Ich und Du steht kein Zweck, keine Gier und keine Vorwegnahme; und die Sehnsucht verwandelt sich, da sie aus dem Traum in die Erscheinung stürzt. Alles Mittel ist Hindernis. Nur wo alles Mittel zerfallen ist, geschieht die Begegnung.

Martin Buber

Weißt du, was mir fehlt?

Der Mensch, den du in seinem Dienst für Gott stärkst, wird dich lieben. Du stärkst ihn am besten, indem du ihn liebst.

Nachman von Braclaw

Von einem einfachen Bauern lernte ich über die Nächstenliebe. Einmal hörte ich, wie ein etwas angeheiterter Feldarbeiter seinen Freund fragte: »Liebst du mich?« »Ho, ich liebe dich sehr!« antwortete der Freund. »Weißt du dann, was mir fehlt?« wunderte sich der andere. »Wenn du nicht weißt, was mir fehlt, wie kannst du behaupten, daß du mich liebst?«

Mosche Löb aus Sasow

Der Gott der Liebe

Wir Juden haben eine andere Vorstellung von dem Gott der Liebe. Weil wir an einen Gott der Liebe glauben, der alle Menschen nach seinem Ebenbild geschaffen hat.

Jakob Guttmann

Mit großer Liebe hast du uns geliebt; mit großer und überreichlicher Sanftmut hast du uns angenommen – um deines Namens willen und wegen unserer Vorfahren, die auf dich vertrauten. Du hast sie die lebenserhaltenden Satzungen gelehrt, damit sie deinen Willen tun sollten mit ungeteiltem Herzen, so erweise uns deine Gnade. Erleuchte unsere Augen durch deine Thora. Binde unser Herz an deine Gebote. Laß unser Leben von Liebe und von der Achtung vor Gott geprägt sein, damit wir niemals unsere Selbstachtung verlieren noch je beschämt sein müssen, denn du bist Gott, der uns Hilfe zuteil werden läßt. Uns hast du erwählt aus allen Völkern und Nationen, und aufgrund deiner Liebe hast du es uns ermöglicht, uns dir zu nahen, um dich zu loben, deine Einzigartigkeit zu bezeugen und dich zu lieben, Ewiger, unser Gott. Gepriesen seist du, Ewiger. Du hast dein Volk Israel in Liebe erwählt.

Aus der jüdischen Liturgie

Darum sollst du den Ewigen, deinen Gott, lieben

Höre Israel, der Ewige ist unser Gott, der Ewige ist einzig. Darum sollst du den Ewigen, deinen Gott, lieben mit deinem ganzem Herzen, mit deiner ganzen Seele und mit deiner ganzen Kraft. Diese Worte, auf die ich dich heute verpflichte, sollen auf deinem Herzen geschrieben stehen. Du sollst sie deinen Kindern erzählen. Du sollst von ihnen reden, wenn du zu Hause sitzt und wenn du auf der Straße gehst, wenn du dich schlafen legst und wenn du aufstehst. Du sollst sie als Zeichen um dein Handgelenk binden. Sie sollen zum Schmuck auf deiner Stirn werden. Du sollst sie auf die Türpfosten deines Hauses und in deine Tore schreiben.

Deuteronomium 6,4-9

Eine neue Weltstunde ist angebrochen, wir wissen nicht, welches die neue Gestalt des jüdischen Geistes sein wird. Aber das wissen wir, daß der jüdische Geist so lange leben wird, wie noch über den nie überbrückten Abgrund herüber durch das unermeßliche Stimmengewirr des geschichtlichen Daseins hindurch das: »Höre Israel« der Inbegriff des Gebotes, in irgendeiner Form von irgendeinem menschlichen Ohr vernommen wird.

Margarete Susmann

Was ist wahre Liebe zu Gott?

Als man Rabbi Akiwa zur Hinrichtung führte – es war gerade die Zeit des Schma-Lesens – zerfurchte man sein Fleisch mit eisernen Kämmen. Da nahm er das Joch der Gottesherrschaft auf sich. Seine Schüler sprachen: Unser Meister, auch jetzt! Er erwiderte ihnen: Mein ganzes Leben lang war ich über den Schriftvers betrübt: »mit deiner ganzen Seele«, das heißt »sogar wenn deine Seele genommen wird«. Ich dachte: Wann wird es mir je möglich sein, dies zu erfüllen? Und nun, wo es mir möglich ist, sollte ich es nicht erfüllen?« Und er dehnte das Wort *ächad* – »einzig« – so lange, daß ihn seine Seele bei *ächad* verließ.

Babylonischer Talmud, Berachot 61b

Was ist wahre Liebe zu Gott? Wahre Liebe zu Gott ist, wenn man Gott mit solch einer überwältigenden Leidenschaft liebt und die Liebe zu Gott einen so gefangen nimmt, daß man krank wird vor Liebe, so wie ein verliebter Mensch ununterbrochen an den geliebten Menschen denkt, im Sitzen und im Stehen, beim Essen und beim Trinken. Noch mehr als das sollte die Liebe zu Gott das Herz eines Menschen zu jeder Zeit erfüllen, denn es ist gesagt: »mit deinem ganzem Herzen und mit deiner ganzen Seele« (Dtn 6,5). Dies ist es, was Salomo meinte, als er im Hohen Lied bildhaft sagte: »Ich bin krank vor Liebe« (Hld 2,5). Und das ganze Hohe Lied ist ein Bild für diese Liebe zu Gott.

Moses Maimonides

24. März

Es gibt Zeiten, in denen es schwer ist, dich zu hören.

Es gibt Zeiten, in denen es schwer ist, dich zu hören, und es gibt Zeiten, in denen es schwer ist, dir zu folgen. Ich weiß: Dies ist ein Verlust für mich.... Hilf mir, deine Stimme zu hören, dein Bild in meiner Seele zu finden und Frieden zu haben.

Seder ha-Tefillot

Ich glaube an die Sonne, auch wenn sie nicht scheint; ich glaube an die Liebe, auch wenn ich sie nicht spür; ich glaube an Gott, auch wenn er schweigt.

Inschrift an der Wand eines Raums in Köln, in dem Juden vor den Nationalsozialisten versteckt wurden

SUCHET MICH UND LEBET!

Suchet mich auf und lebet!

Amos 5,4

Der Enkel Rabbi Baruchs, des Enkels des Baal Schem, spielte einst mit einem anderen Knaben »Verstecken«. Er verbarg sich und wartete in seinem Versteck lange Zeit und meinte, sein Gefährte suche ihn und könne ihn nicht finden. Aber als er lange gewartet hatte, kam er heraus und sah den andern nicht mehr und merkte, daß er ihn von Anfang an nicht gesucht hatte. Alsdann lief er in die Stube seines Großvaters mit Weinen und Klagen über den Bösen. Da flossen die Augen Rabbi Baruchs über, und er sagte: »So spricht Gott auch: ich verberge mich, und keiner will mich suchen« (Ps 27,8-9).

Chassidisch

Auf all deinen Wegen erkenne ihn an

Bar Kappara erklärte: Welches ist der kurze Text, von dem alle Hauptbestandteile der Thora abhängen? Es ist Sprüche Salomos 3,6: »Auf all deinen Wegen erkenn ihn an, und er wird deine Pfade ebnen.«

Babylonischer Talmud, Berachot 63a

Auf deinem Balkon hängen meine Augen,
sie sehen dich nicht!
Es welken dort Blumen, die Tür ist geschlossen,
die Scheiben trüben das Licht.

Wie ein Vogel fliegen meine Gedanken
und stoßen sich an den Zweigen.
Still klopfen sie bei dir an die Scheiben,
du willst dich nicht zeigen.

Sie fliegen zurück, bang und erschrocken,
zerschlagen und müd,
und im kranken Herzen beginnt zu klingen
das traurige Lied.

Jizchok Lejb Perez

Gott gefunden zu haben ist kein Abschluß

Gott gefunden zu haben ist kein Abschluß, sondern selber ein Anfang.

Franz Rosenzweig

Mit der Zeit lernte ich aus eigener Erfahrung: Die Entstehung einer religiösen Identität ist ein fortdauernder Prozeß, ein niemals endender und ganz persönlicher Weg, Gott im Rahmen organisierter Religion aufzuspüren. Heute geschieht das an den ungewöhnlichsten Orten, jedenfalls nicht mehr länger nur in meiner Mutter Küche.

Walter Homolka

Die Liebe zu Gott bleibt nie ein Empfinden allein

Wer duftende Blumen riecht, spricht: »Gepriesen seist du, Ewiger, unser Gott; du regierst die Welt. Du hast duftende Pflanzen geschaffen.«
Wer ein Naturwunder sieht, spricht: »Gepriesen seist du, Ewiger, unser Gott; du regierst die Welt. Du hast das Werk der Schöpfung vollbracht.«
Wer eine Naturschönheit sieht, spricht: »Gepriesen seist du, Ewiger, unser Gott; du regierst die Welt. Dies alles ist Bestandteil deiner Welt.«
Wer blühende Bäume im Frühjahr sieht, spricht: »Gepriesen seist du, Ewiger, unser Gott; du regierst die Welt. Du läßt es deiner Welt an nichts fehlen. Du hast schöne Dinge geschaffen und prachtvolle Bäume, um die Menschen durch sie zu erfreuen.«

Jüdisches Gebetbuch

Die Liebe zu Gott bleibt nie ein Empfinden allein, sie gehört zum sittlichen Handeln des Menschen hin.

Leo Baeck

Der Mensch binde seine Regung an Gott. Wenn ihn eine böse Liebe überkommt, richte er seine Liebe auf Gott allein und all sein Streben gehe auf dieses eine. Und wenn er in Zorn, das ist eine böse Furcht, gerät, die sich aus der Eigenschaft der Gewalt herausleitet, dann gewaltige er seinen Trieb und mache aus eben dieser Eigenschaft einen Wagen für Gott.

Baal Schem Tow

Kenn' keine Kraft als deine, Herr, als dich

Ich gedenke der Treue deiner Jugendzeit, der Liebe deiner Brautzeit, als du mir in die Wüste gefolgt bist, in eine Gegend, in der man nicht säen kann.

Jeremia 2,2

An Gott

Du Quell' des wahren Lebens,
Wie lauf' ich nicht nach dir?
Hab alles aufgegeben;
Das irre, wirre Leben,
Was ist es mir?

Nur dich, nur dich zu schauen,
Sehnt meine Seele sich:
Vor dir nur will ich beben,
Kenn' keine Kraft im Leben
Als deine, Herr, als dich.

Könnt' ich im Traum dich finden,
Wie gerne schlief ich ein.
Wollt' nimmer auferstehen,
Nein, schlafen, träumen, sehen –
Und stille sein.

Könnt' dich im Herzen schauen
Dein armes Erdenkind:–
Hätt' ich dich nur da drinnen,
So jauchzte all mein Sinnen,
Und gerne wär' ich blind!

Jehuda Halevi

Was ich will, bist Du

Dein Paradies will ich nicht und auch nicht deine künftige Welt. Was ich will, bist Du.

Schneur Salman von Ladi

Die Bedeutung der Liebe zu Gott ist, daß ein Mensch sich nach der Nähe Gottes sehnen und nach ihr verlangen sollte und daß er danach strebt, seine Heiligkeit zu erreichen, in der selben Weise, wie er irgendein Ziel verfolgen würde, für das er eine starke Leidenschaft empfindet. Wenn er Gottes Namen nennt, wenn er ihn preist und sich mit den Worten der Thora beschäftigt, sollte er solch ein Glück und eine Lust spüren, wie sie ein Liebhaber für die Frau seiner Jugend empfindet oder ein Vater für seinen einzigen Sohn.

Mosche Chajim Luzzatto

April

Versklavung und Bedrängnis
Der Weg zur Freiheit
Freiheit

In jeder Generation soll jeder Mensch sich so betrachten, als sei er selbst aus Ägypten ausgezogen.

Pessach-Haggada

Laß zu unserer Freiheit das große Widderhorn ertönen und laß die Botschaft von der Befreiung in allen Orten unseres Landes laut werden. Du bist doch Gott, du befreist und erlöst. Gepriesen seist du, Ewiger. Durch dein Erbarmen befreist du dein Volk Israel.

Aus der jüdischen Liturgie

Von Generation zu Generation wollen wir deine Größe erzählen

Man muß wünschen wollen, an sich glauben, auf das Morgen vertrauen, für das Morgen leben – das heißt Leben.

Fanny Lewald

Von Generation zu Generation wollen wir deine Größe erzählen und von Ewigkeit zu Ewigkeit deine Heiligkeit verkünden. Das Lob, das wir dir, unserem Gott, bringen, soll niemals aus unseren Mündern weichen, denn du bist Gott, du regierst in Größe und Heiligkeit.

Aus der jüdischen Liturgie

Ich glaube an die Zukunft

Lach nur, ja, lach nur über die Träume,
die ich träumend erzähle.
Lach nur, denn ich glaube an den Menschen,
immer noch glaube ich an dich.

Immer noch strebt meine Seele nach Freiheit,
ich habe sie noch nicht an das goldene Kalb verkauft.
Immer noch glaube ich an den Menschen,
an seinen Geist, seinen starken Verstand.

Lach nur, denn ich glaube an die Freundschaft,
ich glaube immer noch, daß ich ein Herz finden kann,
ein Herz, das meine Hoffnung zu seiner Hoffnung
macht,
das Glück mitempfindet und Schmerzen versteht.

Auch an die Zukunft glaube ich. – Sei er auch noch
so fern,
der Tag wird doch kommen,
an dem man nach Frieden strebt
und eine Nation die andere segnet.

Dann wird auch mein Volk wieder blühen
und eine neue Generation wird im Lande erstehen.
Die Eisenketten wird man von ihr nehmen
und ein Auge sieht im anderen das Licht.

Saul Tschernikowsky

Freiheit ist keine dauerhafte Eigenschaft

Freiheit ist keine dauerhafte Eigenschaft, die man entweder »hat« oder »nicht hat«. Tatsächlich gibt es keine solche Sache wie die »Freiheit«; es gibt sie nur als Wort, als abstrakte Vorstellung. In der Wirklichkeit gibt es nur eines: Die Tat, mit der wir uns selbst befreien, während wir Entscheidungen treffen. Dabei ist unsere Fähigkeit, Entscheidungen zu treffen, bei jeder Handlung, in jeder Erfahrung des Lebens unterschiedlich groß. Jeder Schritt im Leben, der mein Selbstvertrauen erhöht, erhöht meine Ganzheitlichkeit, meinen Mut, meine Überzeugung, erhöht auch meine Fähigkeit, eher das Unangenehme zu wählen als das Angenehme. Auf der anderen Seite schwächt mich jedes Erlebnis der Ergebung und der Feigheit und öffnet das Tor für weitere Akte des Sich-Ergebens, und schließlich geht die Freiheit dabei verloren. Zwischen dem einen Extrem, nie mehr falsch handeln zu können und dem anderen Extrem, daß ich meine Freiheit zu richtigem Handeln verloren habe, liegen unendlich viele Grade der Wahlfreiheit.

Erich Fromm

3. April

Wir wollen den Ägyptern dienen!

Wenn uns unsere Freiheit von Pharao gegeben worden wäre, wären wir ihm nach wie vor verpflichtet, nach wie vor unterworfen, im Innersten abhängig, im Herzen nach wie vor versklavt. Wir mußten uns selbst befreien!

New Union Haggadah

Inzwischen ist es schon viele Jahre her, daß ich das Tagebuch von Dreyfus gelesen habe, aber ein Abschnitt daraus hat sich meinem Gedächtnis seit über 20 Jahren eingeprägt. Es ist jene Stelle, an der erzählt wird, wie die Anordnung seiner Freilassung von der Teufelsinsel kam. Der ruhmreiche Kampf für Gerechtigkeit, den er all die Jahre so tapfer geführt hatte, war nun gewonnen. Seine Zellentür wird geöffnet, er tritt hinaus in die Freiheit, nach der seine Seele all die Jahre so sehnsüchtig verlangt hatte. Er geht seinen ersten Schritt ins Freie. Dann schaut er noch einmal zurück. Und in diesem Moment überkommt ihn ein starkes Verlangen, zu diesem schrecklichen Ort der Unterdrückung zurückzukehren. Angst überfällt ihn, die Angst vor all den Problemen, die ihn nun in der Freiheit erwarten. Eine solche Angst war es, die die Kinder Israels zu Mose schreien ließ: »Laß uns in Ruhe! Wir wollen den Ägyptern dienen! Denn es ist besser für uns, den Ägyptern zu dienen, als in der Wüste zu sterben!« (Ex 14,12).

Louis I. Rabinowitz

Wenn der Mensch an Unmögliches glaubt

Nie soll sich einer an den Ort der Gefahr begeben und sich sagen: Es wird mir schon ein Wunder geschehen.

Babylonischer Talmud, Schabbat 32a

Wenn der Mensch an Unmögliches glaubt, so führt das nicht auf den Weg des Sittlichen, daran kann kein Mensch zweifeln. Nur der Glaube, der die sittliche Bedeutung des Menschen hebt, ist der wahre Glaube, das heißt nur der Glaube an sittliche Wahrheiten.

Josef Albo

5. April

Warum gibt es das Leid?

Es steht nicht in unserer Macht zu erklären, warum Ungerechte ruhig leben und Gerechte leiden.

Sprüche der Väter 4,19

Frage nie: »Warum gibt es das Leid?«, sondern: »Wozu dient es mir?«

Eugene Heimler

Was hier not tut, ist eine Wendung in der ganzen Fragestellung nach dem Sinn des Lebens: Wir müssen lernen und die verzweifelnden Menschen lehren, daß es eigentlich nie und nimmer darauf ankommt, was wir vom Leben noch zu erwarten haben, vielmehr lediglich darauf: was das Leben von uns erwartet!

Victor E. Frankl

Was zählt, ist, was wir aus den Krisen machen

Es gibt so viele Krankheiten und nur eine Gesundheit! – Man muß immer genauso gesund sein wie die andern, man kann aber ganz anders krank sein als jeder andere!

Arthur Schnitzler

Sich am Morgen mit kaltem und am Abend mit heißem Wasser waschen, ist besser als alle Heilsalben der Welt.

Babylonischer Talmud, Schabbat 108b

Jeder Mensch braucht ein gewisses Maß an Sorgen und Leiden. Wie ein Schiff ohne Frachtgut – es schwankt und läuft Gefahr zu kentern.

Jizchas Eisik aus Kumarna

Wenn es uns schon früh im Leben gelingt, gut und ethisch verantwortlich zu leben, ist dies sehr schön, doch wenn wir es erst später im Leben schaffen, nachdem wir geprüft wurden, prägt uns dies als religiöse Persönlichkeiten. Wir müssen diese Stufe erreichen. Wir können unsere Probleme und Schwierigkeiten als Prüfungen Gottes betrachten oder als Teil der menschlichen Lebensbedingungen oder als Unglück. Dies tut nichts zur Sache. Was zählt ist, was wir aus den Krisen machen.

Walter Jacob

7. April

Arbeitslosenmarsch

Eins, zwei, drei, vier, Arbeitslose kommen hier,
die nicht hörten mondenlang
der Fabriken Hammerklang.
Es liegt das Werkzeug kalt, vergessen,
halb von Rost schon aufgefressen.
Wir spazieren auf der Straß
wie die Reichen nur zum Spaß.

Eins, zwei, drei, vier, Arbeitslose kommen hier,
ohne Heim und ohne G'wand,
unser Bett ist Lehm und Sand.
Hat noch wer was zu genießen,
teilt man sich jeden Bissen.
Wasser wie die Reichen Wein
gießen wir in uns hinein.

Ein, zwei, drei, vier, Arbeitslose kommen hier,
haben lange schwer geschaffen,
was die Reichen an sich raffen:
Häuser, Schlösser, Städte, Länder
für ein Häufele Verschwender.
Unser Lohn dafür ist bloß:
Hunger, Not und arbeitslos.

Eins, zwei, drei, vier, und darum marschieren wir,
Arbeitslose, Tritt bei Tritt,
und wir singen uns ein Lied
von dem neuen bessern Leben:
wird es freie Menschen geben,
arbeitslos ist keine Hand
in dem neuen freien Land.

Mordechai Gebirtig

8. April

Im Grunde, als Menschheit, sind wir alle eins

Es war in Buchenwald, daß ich von Juden, Christen, Muslimen und Heiden, von Briten, Serben, Rumänen, Albanern, Polen und Italienern gelernt habe, daß ich nur ein weiterer leidender Mensch war; daß die Sprache, die meine Mutter mich gelehrt hatte, meine ungarischen Erinnerungen und die Tradition nur künstliche Barrieren waren zwischen mir und anderen. Denn im Grunde, als Menschheit, sind wir alle eins. Ein Schlag ins Gesicht verletzt einen Engländer genauso wie einen Deutschen, einen Ungarn oder einen Schwarzen. Der Schmerz ist derselbe. Nur unsere Einstellung zum Schmerz ist unterschiedlich, je nach den kulturellen Gegebenheiten des Landes und des einzelnen. …
Ich habe gelernt, daß in mir selbst und in den anderen der Mörder und der Menschenfreund Seite an Seite leben, das schwache Kind neben dem gierigen Erwachsenen. Es war eine der größten Entdeckungen meines Lebens, daß ich in keiner Weise überlegen bin, daß ich mich nicht von den anderen unterscheide, daß ich nur ein Glied in einer großen Kette bin. Von da an beschloß ich, denen eine Stütze zu sein, die fielen, selbst dann, wenn ich selbst es nötig hatte, gestützt zu werden. … Buchenwald hat mich gelehrt, mir selbst gegenüber tolerant zu werden und dadurch auch anderen gegenüber tolerant zu sein. Möglicherweise hätte ich dies auch ohne Buchenwald gelernt. Aber ich hätte es viel später gelernt – vielleicht zu spät.

Eugene Heimler

Höre unsere Stimme, unser Gott

Höre unsere Stimme, unser Gott, Ursprung allen Erbarmens. Habe Mitleid und erbarme dich über uns. In Erbarmen und in Wohlwollen höre unser Gebet. Du bist doch Gott, der Gebete und Bitten hört. Gott, Ursprung unserer Kraft, von dir kehren wir nie leer zurück, denn du hörst das Gebet eines jeden Menschen. Gepriesen seist du, Ewiger. Du erhörst Gebet.

Aus der jüdischen Liturgie

»Gott rief zu ihm aus dem Dornbusch« (Ex 3,4). – Der Heilige, gelobt sei Er, sprach zu Moses: »Fühlst du denn nicht, daß Ich mich in Schmerzen befinde, genau wie Israel sich in Schmerzen befindet? Merke es an dem Ort, aus dem Ich mit dir rede – aus den Dornen! Wenn man so sagen könnte, teile Ich Israels Leid.« Daher heißt es auch (Jesaja 63,9): »Bei all ihrer Bedrängnis war ihm leid.«

Midrasch Exodus Rabba 2,5

Eitles Gebet

Sieh unsere Betrübnis und kämpfe unsere Kämpfe. Errette uns bald um deines Namens willen, denn deine Macht zur Rettung ist groß. Gepriesen seist du, Ewiger. Du errettest Israel.

Aus der jüdischen Liturgie

Wenn jemand um etwas, was nicht rückgängig zu machen ist, schreit, dann ist das ein eitles Gebet. Wie ist das zu verstehen?
Wenn einer, dessen Frau schwanger ist, sagt: »Möge es Gottes Wille sein, daß meine Frau einen Knaben gebiert«, dann ist das ein eitles Gebet. Wenn jemand dahergeht und Schreie aus der Richtung der Stadt hört und betet: »Möge es Gottes Wille sein, daß das nicht Mitglieder meiner Familie sind«, dann ist das ein eitles Gebet.

Mischna, Berachot 9,3

WIR WOLLEN GEHEN

Die Freiheit ist freiwilliger Gehorsam gegenüber einer Vernunft, die mehr und größer als unsere persönliche Vernunft ist.

Claude G. Montefiore

Mit unsern Jungen, mit unsern Alten wollen wir gehen« (Ex 10,9). – Warum erwähnte Mose die Jungen vor den Alten? Die Jungen haben es dringender nötig, zu gehen, denn sie standen in der Gefahr der Assimilation. Die Alten waren in ihrer Tradition sicher genug und ihre Befreiung war weniger dringlich.

Ketaw Sofer

Die Gedanken sind frei.

Midraschej-ha-Thora

Der Mensch muß lernen, an seine Freiheit zu glauben

Als die Israeliten sich an ihre Versklavung gewöhnt hatten, als sie anfingen ohne Klage zu arbeiten, da wußte Gott, daß es Zeit sei, sie zu befreien ... Zunächst mußte Mose bei ihnen die Hoffnung auf Freiheit wecken, und erst dann wurde ihnen die Knechtschaft bitter.

New Union Haggadah

Der Mensch muß lernen, an seine Freiheit zu glauben. Er muß glauben, daß sie, wenn sonst vielleicht auch überall beschränkt, Gott gegenüber ohne Grenzen ist.

Franz Rosenzweig

Sklaven des Besitzes, der Zeit und der Gewöhnung

An seinen Besitz gekettet ist der Mensch nur ein Sklave.

Jakob Wassermann

Die Sklaven der Zeit – sie sind die unfreisten Sklaven; die Sklaven Gottes – nur sie sind frei.

Jehuda Halevi

Der Mensch sei biegsam wie ein Schilfrohr und nicht starr wie eine Feder.

Babylonischer Talmud, Taanit 29b

14. April

Wenn Gott nicht unser Gebieter ist

Wenn Gott nicht unser Gebieter ist, dann sind es Menschen; warum also Sklave von Sklaven sein?

Nachman von Braclaw

Man bindet uns die Hände und macht uns zum Vorwurf, daß wir sie nicht gebrauchen.

Moses Mendelssohn

Erharret ruhig und bedenket:
Der Freiheit Morgen zieht herauf.
Ein Gott ist's, der die Sonne lenket
und unaufhaltsam ist ihr Lauf.

Eduard von Simson

Versklavung ist Fremdbestimmung

Es ist wichtig, die Rahmenbedingungen vor Augen zu haben: Wir sind auf einer Reise aus einem Land der Versklavung in ein Land der Verheißung. Was immer wir auch unter der Versklavung verstehen, in jedem Fall ist sie ein Ort oder ein Zeitraum, in dem unser Leben von anderen fremdbestimmt wird, vielleicht auch von unbekannten Mächten oder Kräften.

Jonathan Magonet

Nach und nach muß man sich von dem Sklaven befreien, der ganz tief in einem versteckt ist. Dies ist eine Aufgabe, die das ganze Leben andauert.

Natan [Anatoly] Scharansky

Herr, was Dein Wille mir auch auferlege!
Wie Krone will ich's tragen, nicht wie Joch!

Richard Beer Hoffmann

Wer zögert …

Wenn du aus Ägypten ausziehst – aus welchem auch immer bei dir konkret –, dann laß dich nicht aufhalten durch den Gedanken: »Wie verdiene ich meinen Lebensunterhalt da draußen?« – Wer zögert, um Vorbereitungen für die Reise zu treffen, der wird Ägypten niemals verlassen.

Nachman von Braclaw

Das wirkliche ägyptische Exil bestand darin, daß sie lernten, es auszuhalten.

Henoch von Alexandria

Die Kinder Israels brachen von Ramses nach Sukkot auf. … Aus dem Teig, den sie aus Ägypten mitgebracht hatten, buken sie ungesäuerte Brotfladen, denn der Teig war nicht durchsäuert, weil sie aus Ägypten verjagt worden waren und keine Zeit verlieren durften. Sie hatten keine Reiseverpflegung vorbereiten können. Der Aufenthalt der Kinder Israels in Ägypten dauerte vierhundertunddreißig Jahre. Nach Ablauf der vierhundertdreißig Jahre, an eben diesem Tag, zogen alle, die zu Gott gehörten, aus Ägypten aus. Es war eine Nacht des Wachens für Gott, als Gott sie aus Ägypten herausführte. Als eine Nacht des Wachens zur Ehre Gottes gilt sie bei den Kindern Israels in allen Generationen.

Exodus 12,37-42

17. April

Am Ufer des Schilfmeers

Durch das Verdienst frommer Frauen wurde Israel aus Ägypten befreit.

Babylonischer Talmud, Sota 11b

Die Kinder Israels standen am Ufer des Schilfmeeres, das ägyptische Heer im Nacken, das Wasser, das ihnen den Weg versperrte, vor Augen. Unsere Meister lehrten: Einige sagten: »Wir wollen uns in das Meer stürzen.« Andere sagten: »Laßt uns nach Ägypten zurückkehren.« Wieder andere: »Laßt uns gegen sie kämpfen.« Und einige sagten: »Wir wollen unsere Stimme gegen sie erheben!«

Mechilta, Beschalach 3

Die Ägypter jagten mit allen Pferden und Streitwagen des Pharao hinter ihnen her und holten sie ein, als sie gerade am Meer lagerten. … Als die Kinder Israels dies sahen, bekamen sie große Angst und schrieen zu Gott um Hilfe. Zu Mose sagten sie: »Gab es denn in Ägypten keine Gräber, daß du uns zum Sterben in die Wüste geholt hast? … Doch Mose antwortete dem Volk: »Habt keine Angst! Bleibt ruhig stehen und schaut euch die Hilfe Gottes an. Denn so, wie ihr die Ägypter heute seht, werdet ihr sie nie wieder sehen. Gott wird für euch kämpfen, ihr könnt ruhig und gelassen sein!«

Exodus 14,9-14

Das Getto brennt

Das Getto brennt. Brandwolken verdunkeln die ganze Stadt. Männer, Frauen und Kinder, die nicht bei lebendigem Leibe verbrennen, werden in Massen umgebracht. Die Mündungen der Abwässerkanäle werden von deutschen Posten blockiert. Die Juden setzen sich verzweifelt zur Wehr und haben fast tausend Feinde getötet. Sie setzen Fabriken und Magazine der deutschen Kriegsindustrie in Brand. Die polnische Bevölkerung bewundert den Geist der jüdischen Verteidigung… Viele Juden werden lebendigen Leibes verbrannt. Tausende werden erschossen oder in die Lager gebracht. Ein paar Tausend blieben in den unterirdischen Gängen und in den Magazinen des Gettos. Die Magazine werden nach hartem Widerstand überwältigt … Diejenigen, die aus dem Inferno flüchten, werden gefangen und erschossen. Die jüdische Kampforganisation bleibt im Getto. Während der heldenhafte Widerstand sich zu Ende neigt, hüllt sich die freie Welt, die Welt der Gerechtigkeit, in Schweigen und Apathie.

Isaak I. Schwarzbach
Erinnerung an den Aufstand im Warschauer Getto, 19. 4. – 16. 5. 1943

Der Weg zur Freiheit

Der Weg zur Freiheit ist wie eine Wallfahrt nach Loretto – zwei Schritte vorwärts und einen zurück; aber man kommt doch endlich vor dem Allerheiligsten an.

Fanny Lewald

Bei sich selbst anfangen, aber nicht bei sich selbst enden;
von sich selbst ausgehen, aber nicht sich selbst zum Ziel haben;
sich selbst verstehen, aber nicht zu stark mit sich selbst beschäftigt sein.

Martin Buber

Es gibt kein Hindernis, das man nicht zerbrechen kann, denn das Hindernis ist nur des Willens wegen da, und in Wahrheit sind keine Hindernisse als nur im Geist.

Nachman von Braclaw

Befreiung von Sklaven

Sie befreiten den Sklaven, entfernten seine
Ketten…
Danach war er genauso Sklave wie vorher.
Noch immer war er an seine Unterwürfigkeit
gekettet,
noch immer durch seine Trägheit und Faulheit in
Ketten gelegt,
noch immer durch seine Ängste und seinen
Aberglauben gebunden,
durch Unwissenheit, Argwohn und Grausamkeit…
Seine Knechtschaft lag nicht in den Ketten,
sie lag in ihm selbst…
Sie können nur freie Menschen befreien…
Und das ist nicht nötig:
Freie Menschen befreien sich selbst.

James Oppenheim

Es ist gegen die menschliche Natur, die religiösen Traditionen und Bräuche, mit denen man aufgewachsen ist, ganz plötzlich aufzugeben. Das wäre genauso, als sollten Menschen, die nichts anderes gewöhnt sind als Sklavenarbeit mit Ziegel und Mörtel, nun plötzlich ihre Arbeit unterbrechen, um mit Riesen zu kämpfen. Es war weise von Gott, die Kinder Israels erst solange in der Wüste wandern zu lassen, bis sie Mut gefaßt hatten.

Moses Maimonides

In jeder Generation

In jeder Generation müssen wir uns so betrachten, als wären wir selbst aus Ägpyten ausgezogen.

Aus der Pessach-Haggada

Dies ist das Brot des Elends,
dies das Zeichen des Lehms, mit dem Ramses erbaut ward,
und diese Meerrettichwurzel steht für die Bitterkeit,
und ihr, liebe Brüder, ja ihr,
ihr seid die Leidenden, die Verbitterten und der Lehm.

Abraham Moses Klein

Hillel lehrte: »Das Geschenk des täglichen Brotes für die Menschen ist ein ebenso großes Wunder wie der Durchzug durch das Schilfmeer.«

Midrasch Pesikta Rabbati 152a

22. April

Du bist die nie erschöpfende Kraft

Du bist die nie erschöpfende Kraft, du schenkst Leben angesichts des Todes. Vielfältig sind deine Wege zu helfen. Die Lebenden ernährst du in Güte. In großem Erbarmen schaffst du Leben angesichts des Todes. Du stützt die Fallenden. Du heilst die Kranken. Du machst die Gebundenen los und hältst die Treue denen, die im Staube schlafen. Wer ist wie du, der solche Kraft hätte, und wer ist dir gleich? – Du, Gott, hast Macht über Tod und Leben, und du läßt Hilfe sprossen. Du bist treu, Leben angesichts des Todes zu schaffen. Gepriesen seist du, Ewiger. Du schenkst Leben angesichts des Todes.

Aus der jüdischen Liturgie

Über Grundsätze läßt sich hadern, über Erfahrungen nicht.

Ludwig Börne

Religiosität

Auf sich selbst begrenzt zu sein bedeutet, zum Tode verurteilt zu sein; für das Unbegrenzte zu leben bedeutet, vom Tod befreit zu sein.

Martin Buber

Dem Judentum ist der Wirklichkeitssinn eigen. Er hat nichts von jenem Realismus, der nur das kennt und anerkennt, was sich ergreifen und fassen läßt. Alle die Wirklichkeit, die sich in Macht und Menge und Herrschaft kundtun will, wird von ihm im Gegenteil als das Vergängliche und Nichtige erklärt. Er ist der Sinn für *die* Wirklichkeit, die sich im Guten erschließt, der Sinn für die Bedeutung des Lebens, die sich in der sittlichen Tat eröffnet, der Sinn dafür, daß der Mensch diese wahre Wirklichkeit zu schaffen vermag.

Leo Baeck

Was also ist wahre Religosität? Sie ist im wesentlichen eine Einstellung zur Wirklichkeit, eine Antwort auf das Ganze unseres Seins – Herz, Seele und Verstand –, zu der Welt, in die wir gestellt sind. Sie ist ein Gespür für Ehrfurcht und Wunder, ein Verständnis des Geheimnisses jenseits des Allgemeinen. Sie weckt in uns – sei es auch nur in seltenen Momenten – eine Freude, die zu tief ist, um sie mitzuteilen, – es sei denn in Musik, Dichtung oder Gebet.

John D. Rayner

Meiner Hände Werk versinkt im Meer und ihr wollt singen?

»Freu dich nicht, wenn dein Feind fällt; sei nicht schadenfroh, wenn er stolpert. Gott könnte es sehen, Mißfallen daran haben und seinen Zorn vom ihm abwenden« (Spr 24,17 u. 18).

Sprüche der Väter 4,24

Jedes Volk hat seinen Schutzengel. Als Gott die den Juden nachjagenden Ägypter im Meer versenken wollte, kam Asa zu ihm, der Schutzengel der Ägypter, und sagte: »Herr, der Welt! Du hast deine Welt mit Barmherzigkeit geschaffen. Warum willst du meine Kinder versenken?« Sofort versammelte Gott die himmlischen Heerscharen und sagte ihnen: »Richtet zwischen mir und Asa, dem Schutzengel der Ägypter.« Da begannen die Schutzengel der Völker, die Ägypter zu verteidigen. Als Michael, der Schutzengel der Juden, dies sah, gab er dem Engel Gabriel einen Wink, und dieser flog mit einem Flügelschlag nach Ägypten. Von dort brachte er einen Ziegelstein, in dem ein Säugling war, den die Ägypter in der Mauer versenkt hatten. Damit kann er vor Gott und sprach: »Herr der Welt! So haben sie deine Knechte geknechtet!« Sofort setzte sich Gott über sie zu Gericht und versenkte sie. Zu dieser Stunde wollten die Dienstengel vor Gott ein Lied anstimmen, aber der Allmächtige sprach zu ihnen: »Meiner Hände Werk versinkt im Meer, und ihr wollt singen?!«

Midrasch Awkir

Lobpreis

Dich sahen die Wasser, Gott!
Die Wasser sah'n dich – bebten;
Die Meerestiefen tobten.
Aus düstern Wolken strömten Güsse;
Die obern Lüfte donnerten,
Deine Pfeile fuhren umher.
Deine Donnerstimm' im Wirbel –
Blitz' erleuchteten das Land.
Das Erdreich regte sich, erbebte.
Dein Weg ging durch das Weltmeer;
Dein Pfad durch großes Gewässer;
Unkenntlich deine Spur.
Wie eine Herde leitest du
durch Mosche und Aaron dein Volk.

Psalm 77,17-21

Gott hatte zuvor schon Menschen gerettet, aber keiner hatte Worte des Lobpreises gesungen: nicht Abraham, als er von dem glühenden Ofen gerettet worden war – von dem die Überlieferung des Midrasch erzählt –, nicht Isaak, als er vor dem Messer gerettet worden war; nicht Jakob, als er vor dem Engel, vor Esau oder vor den Männern aus Sichem gerettet worden war. Aber kaum daß Israel gerettet worden war, sang es sein Lied. Und Gott sprach: »Ich habe auf sie gewartet.«

Midrasch Exodus Rabba 23,4

Das Lied am Meer

Ich, Mirjam, stehe am Ufer des Meeres, wende mich um, der Wüste zu, die sich in Weite und Stille erstreckt.
Meine Augen sind geblendet, der Himmel strahlend blau, sonnenverbrannter Sand, unnachgiebig weiß.
Meine Hände verwandeln sich in die Flügel der Taube, meine Arme erheben sich zum Himmel, ich will singen, das Lied singen, das in mir aufsteigt.
Mein Mund öffnet sich. Ich halte ein. Wo sind die Worte, wo die Melodie?

Panik.
Meine Augen drohen zu erblinden. Kann ich einen Schritt tun, ohne die Richtung zu kennen? Werde ich mich verlaufen? Werde ich fallen? Werden meine Füße im Boden versinken?
Das Lied, noch ungeformt – wie kann ich singen?

Den ersten Schritt zu wagen, neue Lieder zu singen, das hieße, die Augen zu verschließen und zu tauchen in unbekannten Gewässern. Einen Moment lang nichts zu wissen, alles zu riskieren, doch dann zu entdecken:
Das Wasser ist ruhig. Der Boden ist fest. Und das Lied – das Lied kommt wieder hoch. Aus meinem Mund fließen die Worte, sie wirbeln den Wind auf.

Und ich höre zum ersten Mal das Lied, das in meinem Herzen war, still und unbekannt, selbst mir.

Ruth H. Sohn

27. April

Alles, was atmet und lebt, preise deinen Namen!

Alles, was atmet und lebt, preise deinen Namen, Ewiger, unser Gott; jedes Wesen aus Körper und Geist verherrliche und erhebe deinen Ruhm. Du bist Gott von Ewigkeit zu Ewigkeit. Außer dir haben wir niemanden, der über uns regiert, der uns erlöst und hilft, rettet und befreit, der uns antwortet und sich unser erbarmt. Zur Zeit der Not und der Angst haben wir niemanden, der sich für uns verantwortlich weiß, als dich, niemanden, der uns hilft und uns stützt, außer dir, du Gott der ersten und der letzten Dinge, Gott aller Geschöpfe, Gott aller Generationen, dir wird auf vielfältige Weise Lob gesungen, du lenkst den Lauf der Welt in Güte und deine Geschöpfe in Erbarmen. Ja, du, Gott, schläfst und schlummerst nicht. Vielmehr läßt du die Schlafenden erwachen und weckst die Eingeschlafenen auf. Du schenkst Leben angesichts des Todes und heilst die Kranken. Du öffnest den Blinden die Augen und richtest die Gebeugten auf. Dir allein gebührt unser Dank.

Aus der jüdischen Liturgie

Wunderbar sind deine Werke!

Ich weiß es allzugut: Wunderbar sind deine Werke!
Wer kann deine machtvollen Taten erzählen,
wer deine Größe benennen?
Wer kann deinen Ruhm verkünden,
wer deine Wohltaten zählen?
Wer kann deine Zeichen erkennen,
wer deine Wunder erfassen?
Wer kann deine Heiligkeit ermessen,
wer deine Wege ahnen?
Wer kann deine Geheimnisse erforschen,
wer deine Gedanken ergründen?
Wer kann das tun, was du tust?
Wer kann dir deine Güte vergelten?

Salomo ibn Gabirol

29. April

Verantwortete Freiheit

Die Welt ist freier durch unsere Freiheit, reicher durch unseren Reichtum, größer durch unsere Größe.

Theodor Herzl

Dieses Gebot, die Versklavung, der man entronnen ist, nicht zu vergessen, erscheint mir aus psychologischer Perspektive sehr beachtenswert. Nur ein freier Mensch kann es sich leisten, sich daran zu erinnern, daß er einst Sklave war. Tatsächlich verliert die Freiheit ihre Bedeutung, wenn sie von der Erfahrung der ursprünglichen Dunkelheit der Versklavung getrennt wird.

Riwka Schärf Kluger

Kein Mensch, der in Freiheit lebt, kann ermessen, was es bedeutet, versklavt zu sein. Wir müssen die Erinnerung daran wachhalten, damit wir unsere Freiheit nie als selbstverständlich hinnehmen oder es zulassen, daß andere versklavt werden.

Michael Shire

Mai

Begegnung mit Gott
Die Einheit Gottes
Die Thora vom Sinai

Warum ist die Thora nicht innerhalb des Landes Israel gegeben worden? – Damit die Nationen der Welt keine Ausrede haben und sagen können: »Die Thora ist im Land Israel gegeben worden, deshalb nehmen wir sie nicht an.« Darum also wurde sie in der Wüste, in einem Niemandsland, in aller Öffentlichkeit und in aller Offenheit gegeben.

Mechilta Bechodesch 5

Die Wüste

Die Wüste ist nicht das, was sich die meisten Europäer darunter vorstellen. Sie ist nicht der Ort, wo Lawrence von Arabien auf weißem Roß dahergeritten kommt. Wüste ist Wildnis, endlose Weite. … Wenn die Sonne am Horizont aufgeht, ist sie so glühend heiß, daß du fühlst, wie deine Haut eng wird und schrumpelt. Wenn es nicht heiß ist, dann ist es nicht kühl, sondern so bitter kalt, so daß das Blut gerinnt. Und der Sand. – Man wird normalerweise an Urlaub am Meer und Wassersport denken. Doch weit gefehlt. Wüstensand ist der Staub, der zwischen deinen Zähnen knirscht. Er ist so trocken, ohne jede Feuchtigkeit, ohne Erquickung, daß du den Eindruck hast, dein ganzer Mund ist voll und voll und du kannst nicht mehr atmen, weil es so trocken ist. Wenn es regnet, sind das keine Tropfen. Es ist eine Flut, wie die zu Noahs Zeiten. Du denkst: »Mein Gott, ich werde sterben an dieser Wasserflut. Es gibt nichts, an das ich mich hängen kann. Das Wasser wird mich davonreißen.« … Hinzu kommt: Die Wüste ist ein extrem einsamer Ort. Sie ist so einsam, denn sie ist so leer. … Es gibt nichts, was du sehen oder berühren kannst. Gerade deshalb ist sie so erfüllt, denn du spürst nur dich in dieser Weite, ein zartes, zerbrechliches Ich in ihrer Mitte und diese Weite ist erfüllt durch mich. Du empfindest diese gegensätzlichen Gefühle: Ich bin alles und: Ich bin nichts.

Mehri Niknam

1. Mai

In dürrem, schmachtendem, wasserlosem Lande

Rechts und links Sand, nichts als Sand.
Gelb ist die Wüste, kein Weg ihr bekannt.
Schleichend bewegt sich die Karawane
gleich Wundergestalten im Traum.

Klänge gehn im Takt auf und nieder.
Kamele ziehn durch das traurige Land
Kling-klang, Kling-klang sind der Reisenden Lieder.
Sie tragen schweigend, sie schreiten stumm.

Ya'akow Fishman

Gott, mein Gott bist du! Dich such ich morgens früh;
Nach dir dürstet meine Seele, sehnet sich mein Fleisch,
hier in dürrem, schmachtendem, wasserlosem Lande.

Psalm 63,2-3

2. Mai

Wo wohnt Gott?

Rabbi Mosche von Kobryn besuchte einmal seinen Freund, den Ruzhiner. Der führte ihm sein Söhnchen Abraham Jakob vor, damit Rabbi Mosche ihn segne. Als sich der Koryner von der Klugheit des Jungen überzeugt hatte, küßte der ihn und reichte ihm einen Rubel: »Sag mir hierfür, wo Gott wohnt.« Abraham antwortete: »Ich gebe zwei Rubel, wenn du mir sagst, wo Gott nicht wohnt.«

Chassidisch

Das Herz begreift, was das Auge nicht sieht und das Ohr nicht hört.

Noam Ha-Midot

Man wird nicht weit kommen, ohne einen Besuch in der »Wüste«, der »Einöde« oder dem »Niemandsland« – wie immer du es auch nennst. Wo sonst lernst du die Wahrheit ohne Illusionen zu sehen, läßt du das Rollenspiel ruhen? Wo sonst begegnest du deiner eigenen Religion, nicht der anderer Leute? Wo sonst liebst du die Wahrheit um ihrer selbst willen und auch Gott, denn Gott ist die Wahrheit.

Lionel Blue

Gott in der Wüste

Denke an den Weg, den dich der Ewige vierzig Jahre lang in der Wüste geführt hat. Um dir Widerwärtigkeit zu schicken und dich dadurch zu versuchen, damit an den Tag komme, was du im Herzen hast, ob du sein Gebot halten willst oder nicht. Er ließ dich in Widerwärtigkeit geraten, ließ dich Hunger leiden und speiste dich mit Manna, eine Speise, die dir und deinen Eltern unbekannt war. Damit du erfahrest, daß der Mensch nicht allein vom Brot lebe, sondern von allem, was der Ewige verordnet. Deine Kleider sind dir nicht veraltet am Leibe und deine Füße sind nicht geschwollen in diesen vierzig Jahren. Du wirst daher in deinem Herzen erkennen, daß der Ewige, dein Gott, dich erzieht, wie ein Vater sein Kind erzieht.

Deuteronomium 8,2-3

Der Ewige tötet und macht lebendig.

1. Samuel 2,8

Noch ehe Gott den Schlag erteilt, schafft er das Pflaster, das ihn heilt.

Babylonischer Talmud, Megilla 13b

Es gibt keinen Platz, an dem Gott nicht anwesend ist

Ein Heide fragte einmal Rabbi Josua ben Karechah: »Warum wählte Gott einen Dornbusch, um mit Moses aus ihm zu reden?« Der Rabbi antwortete: »Hätte er einen Johannisbrotbaum oder einen Maulbeerbaum gewählt, so würdest du ja die gleiche Frage gestellt haben. Doch es ist unmöglich, dich ohne eine Antwort fortgehen zu lassen. Daher sage ich dir, daß Gott den ärmlichen und kleinen Dornbusch gewählt hat, um dich zu belehren, daß es auf Erden keinen Platz gibt, an dem Gott nicht anwesend ist. Noch nicht einmal einen Dornbusch.«

Midrasch Exodus Rabba 2,5

Das Judentum hat aus seinem Gottesgedanken alle anthropomorphen Vorstellungen ausgeschieden, hat aber dennoch seinen Gott nicht zu einem wesenlosen, zu einer abstrakten Idee werden lassen. Das ist eine der Paradoxien der jüdischen Religion, daß Gott, der uns der Fernste, doch auch der Nächste ist, daß der Mensch Gott als den Erhabenen verehrt und sich ihm doch eng und unmittelbar verbunden weiß.

Ismar Elbogen

Es gibt niemand neben Gott

Jede Gestalt, die du siehst, legt Zeugnis davon ab:
Es gibt niemand neben Gott.
Jedes Geräusch, das dein Ohr hört, singt Gott Lob.
Jeder Geruch, den du riechst, erzählt von Gottes Werk,
und alles, was du schmeckst, offenbart das Geheimnis der Größe Gottes.
Deine Hände sind treue Zeuginnen, um die großen Wunder Gottes zu berühren,
und dein Bewußtsein, das denkt und reflektiert, hat seinen Ursprung in Gott.

Abraham ibn Esra

Die Geschöpfe sind mir in den Weg gestellt, damit ich, ihr Mitgeschöpf, durch sie und mit ihnen zu Gott finde.

Martin Buber

Du bist Einer

Du bist Einer,
Anfang aller Zahl
und Grund jedes Baues.
Du bist Einer,
über das Geheimnis Deiner Einheit erstaunen die Weisen,
weil sie nicht wissen, was sie ist!
Du bist Einer,
Deine Einheit nimmt weder ab noch zu,
zeigt nicht Mangel noch Überfluß.
Du bist Einer,
nicht etwas Erworbenem und Gezähltem gleich,
denn Vermehrung und Veränderung treffen Dich nicht,
weder Eigenschaft noch Bezeichnung!
Du bist Einer,
mein Denken erlahmt, Dir Regel und Grenzen zu setzen,
drum sprach ich: »Ich will mich hüten, zu sündigen mit meiner Zunge! (Ps 39,2)
Du bist Einer,
hoch erhaben über Sinken und Fallen –
aber wehe dem einen, der fällt! (Koh 4,10)

Salomo ibn Gabirol

Der Schöpfer ist einzig

Ich glaube mit voller Überzeugung, daß der Schöpfer – Gepriesen sei sein Name! – einzig ist, daß es keine Einzigkeit gleich der seinen in irgendeiner Art gibt, daß nur er allein unser Gott war, ist und sein wird.

Moses Maimonides

Er ist der Eine, und darum soll der Mensch sich für ihn, gegenüber allem und gegen alles, entscheiden, und darum darf der Mensch ihm allein, und keiner Kraft der Natur und keiner Gestalt des Schicksals, dienen. In diesem Gedanken von dem, der anders ist, diesem Gedanken von dem Einen, dem »Heiligen Israels«, hat sich der Seele zum ersten Mal die gebietende Pflicht des religiösen Entschlusses und der religiösen Überzeugung ausgesprochen; der Sinn für die einzige Wirklichkeit und die eine Wahrheit wurde wach, diese religiöse Wahrhaftigkeit, diese Frömmigkeit des Gewissens, die den Willen und den Mut zu dem Einen, zu dem Einzigen hat gegenüber dem Vielfältigen und den Vielen. Dies ist die Seele des Monotheismus.«

Leo Baeck

Das kostbarste Geschenk

Der König Artabon schickte einst dem Rabbi Jehuda ein Geschenk – einen kostbaren Edelstein –, und er bat ihn, er möge sich dafür revanchieren und ihm auch ein Geschenk senden, das der Rabbi für teuer hält. Da schickte ihm der Rabbi eine *Mesusa*. Der König wunderte sich darüber sehr und fragt ihn: »Wie ist das möglich? Ich habe dir doch einen teuren Edelstein geschickt, desgleichen man nirgends finden kann. Du aber hast mir etwas geschickt, das nichts wert ist.« Da antwortete ihm der Rabbi: »Mein Geschenk und dein Geschenk lassen sich nicht vergleichen. Du hast mir ein Geschenk geschickt, das ich gut behüten muß, dagegen habe ich dir ein Geschenk geschickt, das dich behüten wird.«

Jerusalemer Talmud, Pea 1,1

Du sollst den Ewigen, deinen Gott, lieben

Du sollst den Ewigen, deinen Gott, lieben mit deinem ganzem Herzen, mit deiner ganzen Seele und mit deiner ganzen Kraft.

Deuteronomium 6,5

»Du sollst den Ewigen, deinen Gott, lieben« bedeutet, seine Gebote aus Liebe zu erfüllen, und der Ausdruck »mit ganzem Herzem« fordert uns heraus, dies sowohl mit unserem guten als auch mit unserem bösen Trieb zu tun.

Midrasch Sifre Deuteronomium 32

Wie ist es möglich, die Liebe zu Gott zu gebieten, wenn sie von einem inneren Drang abhängt? Angenommen, ein solcher Drang fehlt? Jeder Mensch hat die Möglichkeit dazu tief in sich begraben, daher bedeutet das Gebot, dem Geist Mut zu machen, so daß die schlummernde Liebe zu Gott aufgedeckt werden kann.

Sefat Emet

Liebe den Ewigen

Liebe den Ewigen, deinen Gott. Beobachte seine Vorschrift, seine Gesetze, seine Rechte und seine Gebote zu allen Zeiten.

Deuteronomium 11,1

Kann denn Liebe geboten werden? Ist Liebe nicht Schicksal und Ergriffensein und wenn ja frei, dann doch nur freies Geschenk? Und nun wird sie geboten? Ja gewiß, Liebe kann nicht geboten werden; kein Dritter kann sie gebieten und erzwingen. Kein Dritter kann's, aber der Eine. Das Gebot der Liebe kann nur kommen aus dem Munde des Liebenden. Nur der Liebende, aber er auch wirklich, kann sprechen und spricht: Liebe mich. In seinem Munde ist das Gebot der Liebe kein fremdes Gebot, sondern nichts als die Stimme der Liebe selber. Die Liebe des Liebenden hat gar kein anderes Wort sich zu äußern als das Gebot.

Franz Rosenzweig

Am Sinai hörten alle die Thora

Am Sinai hörten alle die Thora, entsprechend ihres jeweiligen Vermögens, Alte und Junge, Kinder und Säuglinge.

Midrasch Exodus Rabba 5,9

Loben soll man den Namen Gottes,
denn Gottes Name allein ist erhaben,
Gottes Hoheit strahlt über Erde und Himmel.
Dem Gottesvolk verleiht Gott Macht,
das ist ein Ruhm für alle, die an Gott glauben,
für Israels Kinder, das Volk, das sich Gott nahen darf.
Halleluja – Lobet Gott!

Psalm 148,13 f

Gottes einzige Macht ist die Liebe, die er in uns weckt.

Lionel Blue

Welchen Weg soll ein Mensch im Leben gehen?

Jede edle Handlung ist ein Sieg des Gottesgedankens und somit eine Heiligung Gottes vor allen Menschen.

Felix Perles

Es geht nicht an, dem Menschen zu sagen, welchen Weg im Leben er gehen soll. Es gibt viele Wege, Gott zu dienen: durch Lernen und Lehren, durch das Gebet, durch Fasten und Speisen. Achte nur jeder auf die Stimme seines Herzens und wähle, um sich seinem Weg mit ganzer Kraft anzuvertrauen.

Der »Seher« von Lublin

Gott sagt nicht: »Das ist ein Weg zu mir, das aber nicht«, sondern er sagt: »Alles, was du tust, kann ein Weg zu mir sein, wenn du es nur so tust, daß es dich zu mir führt.« Was aber dies ist, das eben dieser Mensch und kein anderer tun kann und tun soll, kann ihm nur aus ihm selber offenbar werden. Hier kann nur irreführen, wenn einer darauf schaut, wie weit es ein anderer gebracht hat, und es ihm nachzutun trachtet; denn dabei entgeht ihm eben, wozu er und nur er allein berufen ist.

Martin Buber

13. Mai

Die Thora ist ein Lebensbaum

Drei Dingen gleicht die Thora: der Wüste, dem Feuer und dem Regen. Denn wie diese Dinge für alle Lebewesen umsonst sind, so sind auch die Worte der Thora für alle Lebewesen umsonst.

Mechilta Bechodesch 5

Der Rabbi von Ger erzählte folgende Geschichte: Ein Mann war aus einem Schiff heraus ins Meer gefallen. Der Kapitän des Schiffs warf ihm ein Seil zu und rief: »Fang dieses Seil und laß es nicht mehr los. Wenn du es losläßt, wirst du dein Leben verlieren.« Daraufhin bemerkte der Rabbi: »Diese Geschichte erklärt den Bibelvers Sprüche 3,18: »Wer nach ihr greift, dem ist sie ein Lebensbaum«. Die Thora ist ein Lebensbaum für alle, die nach ihr greifen. Wenn du sie losläßt, wirst du dein Leben verlieren.«

Chassidisch

Die Stimme Gottes

Die Stimme Gottes erschallt über den Wassern.
Der Gott der Herrlichkeit donnert,
der Ewige über gewaltigen Wassern.
Die Stimme Gottes ertönt mit Macht,
die Stimme des Ewigen voll Majestät.

Psalm 29, 3-4

Wenn die Geschichte keine launische Dummheit ist, dann muß es ein Gegenstück geben zu der gewaltigen Zerstörungswut der Menschen. Es muß eine Stimme geben, die NEIN sagt, eine Stimme, die nicht verschwommen, schwach und innerlich ist wie Gewissensbisse, sondern eine, die von der gleichen spirituellen Macht ist wie die Zerstörungswut des Menschen.

Abraham Joshua Heschel

15. Mai

Heute

Rabbi Juda sprach zu Ehren der Thora, indem er Deuteronomium 27,9 erklärte: »Merke und höre zu, Israel! Heute, an diesem Tage, wirst du zum Volke des Herrn, deines Gottes.« Wie konnte Moses in diesem Zusammenhang das Wort »heute« gebrauchen? Moses hat doch diese Rede erst am Ende der vierzigjährigen Wüstenwanderung gehalten – und Israel ist doch bereits vor vierzig Jahren, durch die sinaitische Offenbarung, Gottes Volk geworden!
Vielmehr will dich die Schrift belehren, daß denjenigen, die dem täglichen Thorastudium obliegen, die Thora so lieb ist wie an dem Tage, wo sie am Berge Sinai gegeben wurde.

Babylonischer Talmud, Berachot 63b

Das Judentum ist eine Religion, die ihre Bewährung im *Leben* sucht und in der Verbindung des Lebens mit Gott ihre Antworten findet.

Leo Baeck

16. Mai

Heiligung Gottes vor den Menschen

Ein Feuer ist die Thora, und sie wurde im Feuer gegeben. Wenn man zu nahe ist, wird man verbrannt, wenn man zu weit weg ist, friert man. Was ist also zu tun? Wärme dich selbst durch das Licht.

Mechilta zu Ex 19,18

Es gibt im Grunde nur zwei Arten des Umganges mit der Bibel:
Man kann sie wörtlich nehmen – oder man nimmt sie ernst. Beides zusammen verträgt sich nur schlecht.
Die Wörtlich-Nehmer, die das Motto »Es steht geschrieben« auf ihre Fahnen geschrieben haben, reduzieren die Schrift zum »papierenen Papst«, der auf eine leblose Dimension beschränkt bleibt.
Die Ernst-Nehmer hingegen, die den Mut aufbringen, ihren Text zu hinterfragen, ihn kritisch zu erörtern, um zu seiner usprünglichen Aussage-Kraft vorzustoßen, werden auch einen Hauch jenes Geistes erspüren, der zwar weht, wohin er will, aber stetig zu neuen Einsichten verhilft und eine Spur vom lebendigen, unverfügbaren und immer vorwärtsführenden Gott erahnen läßt.

Pinchas Lapide

Wer darf zu Gottes Berg hinaufziehen?

Wer darf zu Gottes Berg hinaufziehen?
Wer darf an heiliger Stätte stehen?
Wer reine Hände hat
und ein lauteres Herz.

Psalm 24, 3-4

Unsere Thora besteht aus drei Elementen: der Ehrfurcht, der Liebe und der Freude. Jedes von ihnen bringt dich in die Nähe Gottes.

Jehuda Halevi

Zu dir kommen die Völker der Welt

Zu dir werden die Völker von allen Enden der Welt kommen.

Jeremia 15,19

Gott liebt die Gerechten. Warum liebt er die Gerechten? Weil ihre Tugend nichts Ererbtes ist. Will aber jemand ein Gerechter werden, so kann er, selbst wenn er ein Heide ist, ein Gerechter werden. Denn die Gerechten kommen nicht von einem bestimmten Stamme her, sondern sie haben aus sich selbst diesen Vorzug erworben; deshalb heißt es: Gott liebt die Gerechten.

Midrasch Tehillim zu Ps 146,8

Ob Israelit oder Heide – wer eine fromme Tat vollbracht hat, Gott wird sie ihm lohnen.

Midrasch Tanna debe Elijahu 13

Wann wird der Messias endlich kommen?

Eines Tages fragte Rabbi Josua ben Levi den Propheten Elia: »Wann wird der Messias endlich kommen?« Elia antwortete: »Geh doch zu ihm hin, und frage ihn selbst.« Da sagte Rabbi Josua: »Wo ist er denn?« Elia antwortete: »Am Tore Roms.« – »Und wie werde ich ihn erkennen?« »Er sitzt unter den aussätzigen Bettlern. Während aber diese ihre Bandagen alle auf einmal ablösen und wieder anlegen, löst der Messias seine Bandagen einzeln ab und legt sie einzeln wieder an. Er denkt nämlich, daß Gott ihn jeden Augenblick rufen könne, um die Erlösung zu bringen, und er hält sich in ständiger Bereitschaft.«

Babylonischer Talmud, Sanhedrin 98a

Der Messias, Sohn Davids, wird nur kommen, wenn ein Geschlecht entweder vollkommen rein oder vollkommen schuldig ist.

Babylonischer Talmud, Sanhedrin 98a

Aus allen Völkern hast du uns erwählt

Gepriesen seist du Ewiger, unser Gott, du regierst die Welt. Aus allen Völkern hast du uns erwählt, um uns deine Thora zu geben. Gepriesen seist du, Ewiger, du gibst die Thora.

Aus der jüdischen Liturgie

Rabbi Simon ben Lakisch lehrt: Der Fremde, der aus innrer Überzeugung die Thora annimmt, ist höher zu bewerten als jene Scharen der Israeliten, die am Berge Sinai standen und die Thora annahmen, als sie die Donner vernahmen und die Blitze sahen.

Midrasch Tanchuma

Der Gedanke der Auserwählung Israels, der auf den ersten Blick der Lehre von der sittlichen Gleichwertung aller Menschen zu widerstreiten scheint, ordnet sich ihr bei näherer Betrachtung vielmehr unter: Israel hat – das ist der tiefste Sinn seiner Begnadung durch Gott – die Aufgabe, beispielgebend auf die übrige Menschheit einzuwirken; es soll sein ethisches Gut nicht für sich behalten, sondern allen Völkern mitteilen, auf daß sie aufsteigen zu immer höherer Gesittung.

Samson Hochfeld

Der Geist des Judentums

Rabbi Levi sagte: Gott – Gottes Heiligkeit sei gepriesen! – erscheint für Israel wie ein Bild, auf dem überall viele Gesichter zu sehen sind. Tausende von Menschen betrachten es und es sieht jeden von ihnen an.

Pesikta de Raw Kahana 12,25

Judentum ist mehr als ein intellektuelles Unterfangen. Es ist ein Handlungssystem, ein Lebensstil, – und was bedeutet das? Halacha. Das heißt Disziplin.

Walter Jacob

Der Geist des Judentums ist Konformität in Handlungen und Freiheit in Absicht auf Lehrmeinungen.

Moses Mendelssohn

Das Judentum hat sich damit zufriedengegeben, den Glauben auf das allgemeine Dasein Gottes zu gründen, nicht auf ein Dogma über Gottes Wesen. Im Judentum gilt es nicht als Häresie, eine »falsche« Ansicht über Gott zu haben, sondern Gottes Dasein durch unmoralische Taten zu leugnen.

Jonathan A. Romain

Gott bietet Wahlmöglichkeiten

Ein Götze sagt den Menschen genau, was sie zu glauben haben. Gott bietet ihnen Wahlmöglichkeiten, die sie für sich selbst zu entscheiden haben. Der Unterschied ist alles andere als bedeutungslos. Vor einem Götzen bleiben die Menschen abhängige Kinder, vor Gott werden sie belastet und gleichzeitig befreit, um an den Entscheidungen des nicht endenden Schöpfungswerkes teilzuhaben.

Arthur Miller

Jeder macht sich seinen eigenen *Schulchan Aruch*.

Jüdisches Sprichwort

Es ist uns nicht gewährt, die Wahrheit zu besitzen

»Ist Mein Wort nicht wie ein Feuer, spricht der Herr, und wie ein Hammer, der den Felsen sprengt?« (Jer 23,29) Was geschieht, wenn der Hammer auf den Felsen aufprallt? Es sprühen die Funken. Ein jeder Funke ist das Ergebnis des Hammerschlages auf den Felsen; aber kein Funke ist das einzige Ergebnis. So kann auch ein einziger Schriftvers viele verschiedene Lehren vermitteln.

Babylonischer Talmud, Sanhedrin 24a

Es ist uns nicht gewährt, die Wahrheit zu besitzen; aber wer an sie glaubt und ihr dient, baut an ihrem Reich.

Martin Buber

Die Gegenwart Gottes

Wenn zwei zusammensitzen und sich über die Thora unterhalten, dann ist die Gegenwart Gottes unter ihnen.

Sprüche der Väter 3,3

Wenn zehn zusammensitzen und sich mit der Thora beschäftigen, dann ist die Gegenwart Gottes unter ihnen, denn es ist gesagt (Ps 82,1): »Gott steht auf in einer Versammlung für Gott.«
Woher wissen wir, daß die Gegenwart Gottes sogar bei einem einzigen ist, der sich mit der Thora beschäftigt? Weil gesagt ist (Ex 20,24): »An jedem Ort, an dem ich meinen Namen in Erinnerung bringe, werde ich zu dir kommen und dich segnen«.

Sprüche der Väter 3,7

Kein trennender Vorhang zwischen dem Menschen und Gott

In der Stunde der Lehre und des Gebets ist kein trennender Vorhang zwischen dem Menschen und seinem Gott. Auch wenn viele fremde Gedanken in dir aufsteigen, Gewänder und Decken sind sie, hinter denen der Heilige, gesegnet sei er, sich verbirgt, und wenn du darum weißt, ist da keine Verborgenheit mehr.

Baal Schem Tow

Einst sagte Rabbi Abraham: »Erhaben ist, wer Gott durch Lernen und Beten dient. Aber noch erhabener ist, wer Gott im Handeln und Wandeln und in den einfachen Dingen dient.«

Chassidisch

Am Ufer des Jordans

»Dies sind die Worte, die Moses redete zu all Israel jenseits des Jordans in der Wüste« (Dtn 1,1). Mancher, der Gott zu haben sich bedünkt, weiß nicht von ihm. Manchem, der aus der Ferne nach ihm zu verlangen meint, ist er nah. Du aber denke immer, du stündest am Ufer des Jordans und seist in das Land noch nicht eingegangen. Und hast du schon allerlei Gebote erfüllt, so wisse, du hast nichts getan.

Baal Schem Tow

Ein König hatte sich einen prachtvollen Palast gebaut mit vielen Gängen und Trennwänden, er selbst jedoch lebte im innersten Zimmer. Als der Palast vollendet war und seine Diener kamen und ihm Ehre erweisen wollten, merkten sie, daß sie sich dem König wegen des verschlungenen Labyrinths nicht nähern konnten. Während sie noch da standen und sich wunderten, kam der Sohn des Königs und zeigte ihnen, daß die Trennwände nicht real waren, sondern nur optische Täuschungen, und daß der König in Wirklichkeit ganz leicht zugänglich war. Gehe tapfer vorwärts, und du wirst kein Hindernis finden.

Baal Schem Tow

Die messianische Zeit

Der Begriff »Messias« bedeutet wörtlich »der Gesalbte«. Er wird in der Bibel mit einer Vielzahl von Deutungen verwendet und auf verschiedene Personen bezogen, angefangen von den Erzvätern über König David bis hin zu Cyrus, einem nicht-jüdischen Herrscher. Dennoch verband er sich später mit der Vorstellung eines zukünftigen Erlösers. Selbst mit dieser Bedeutung gibt es keine einheitliche Lehre, außer der Tatsache, daß in irgendeiner zukünftigen Zeit ein neues Zeitalter unter der Herrschaft des Messias anbrechen wird, in dem viele der konfliktbeladenen Probleme der Welt verschwinden werden.

Jonathan A. Romain

Von Zion wird ausgehen die Lehre, und das Wort des Ewigen von Jerusalem. Und er wird richten zwischen vielen Völkern, und entscheiden über mächtige Nationen bis in die Ferne, und sie werden stumpf machen ihre Schwerter zu Sicheln und ihre Lanzen zu Rebmessern. Nicht wird erheben Volk gegen Volk das Schwert, und nicht lernen sie mehr den Krieg.

Micha 4,3

Und es wohnt der Wolf mit dem Lamme und der Tiger lagert neben dem Böcklein und Kalb und junger Leu und Maststier zusammen, und ein kleiner Knabe leitet sie.

Jesaja 11,6

Niemals mögen ein Ende finden …

Mein Gott, mein Gott,
niemals mögen ein Ende finden
der Sand und das Meer,
das Rauschen des Wassers,
die Blitze am Himmel,
das Beten der Menschen.

Hanna Senesh

Der Gottesdienst muß wieder werden, was er den Vätern gewesen. Der Mittelpunkt des religiösen Lebens, eine Stätte religiöser Sammlung und Weihe.

Ismar Elbogen

In der Not

Wenn man in Augenblicken von Not und Gefahr verhindert ist, die notwendige Andacht für das tägliche Achtzehngebet aufzubringen, so spreche man ein kurzes Gebet. Rabbi Eliëser schlug folgenden Text vor:
»Tue deinen Willen im Himmel oben und verleihe einen ruhigen Geist denen, die dich hier unten auf Erden fürchten, und tue, was dir gut erscheint. Gepriesen seist du, Ewiger, der auf Gebete hört.«

Babylonischer Talmud, Berachot 29b

Ich schau empor nach jenen Bergen:
Wo kommt mir Hilfe her?
Vom Ewigen kommt meine Hilfe,
Der Himmel schuf und Erde.
Er läßt nicht gleiten deinen Fuß:
Dein Hüter schlummert nicht,
Der Hüter Israels.
Er sei dein Hüter, er beschatte dich,
Zu deiner rechten Hand!
Dir schadet nicht des Tages die Sonne;
Der Mond dir nicht des Nachts.
Der Herr behüte dich vor Übel;
Behüte deine Seele!
Behüte dich; du gehst, du kommst;
Wie jetzt, so alle Zeit.

Psalm 121

Religion

Die Hilfe unserer Vorfahren warst du schon seit immer. Du warst für sie ein Schutzschild. Du warst ihre Hilfe – für sie und für ihre Kinder und ihre Enkel in jeder Generation. Glücklich ist der Mensch, der sich nach deinen Geboten richtet und sich deine Weisung und dein Wort zu Herzen nimmt. Dies ist wahr: Du bist der Anfang und du bist das Ende. Und außer dir gibt es für uns nichts, das uns erlösen und helfen kann.

Aus der jüdischen Liturgie

Die Sehnsucht nach dem Höchsten und Besten, der Anschluß an die Gesamtheit, das Hinaufringen nach dem Menschlichen trotz der eigenen Endlichkeit, das ist Religion.

Abraham Geiger

31. Mai

Juni

Gottes Gebote
Studium der Thora
Leben nach Gottes Geboten

Mache dein Studium der Thora zu einer festen Gewohnheit. Rede wenig und tue viel. Empfange jeden Menschen mit Freundlichkeit.

Sprüche der Väter 1,15

Bei wem das Tun über dem Wissen steht, dessen Wissen wird Bestand haben. Aber bei dem das Wissen über dem Tun steht, dessen Wissen wird keinen Bestand haben.

Sprüche der Väter 3,12

Moses und David

Rabbi Simlai erklärte: Sechshundertdreißig Gebote wurden durch Moses offenbart. Dann kam David und fand ihre Grundlage in elf Geboten, wie es im 15. Psalm heißt: Ein Psalm Davids. Herr, wer wird wohnen in deinem Zelt? Wer wird bleiben auf deinem heiligen Berg?

1. Wer ohne Tadel einhergeht und
2. recht tut und
3. redet die Wahrheit von Herzen;
4. wer mit seiner Zunge nicht verleumdet
5. und seinem Nächsten kein Arges tut und
6. seinen Nächsten nicht schmäht;
7. wer die Gottlosen für nichts achtet, jedoch
8. die Gottesfürchtigen ehrt;
9. wer sich selbst zum Schaden schwört und es hält;
10. wer sein Geld nicht auf Wucher gibt und
11. nimmt nicht Geschenke wider den Unschuldigen:

Wer das tut, wankt ewig nicht.

Babylonischer Talmud, Makkot 23b.24a

Jesaja und Micha

Jesaja fand die Grundlage der Thora in sechs Geboten, wie es in Jesaja 33,15-16 heißt:

1. Wer in Gerechtigkeit wandelt und
2. redet, was recht ist,
3. wer Gewinn durch Bedrückung verschmäht,
4. wer seine Hände lahmschüttelt, daß sie nicht nach Bestechung greifen,
5. wer seine Ohren zustopft, daß er nicht Mordpläne höre, und
6. sein Auge zudrückt, daß er das Böse nicht schaue; der wird in der Höhe wohnen.

Dann kam Micha und fand die Grundlage in drei Geboten, wie es bei Micha 6,8 geschrieben steht:

Es ist dir gesagt, Mensch, was gut ist und was der Herr von dir fordert, nur

1. auf Recht halten,
2. Liebe üben, und
3. demütig wandeln vor deinem Gott.

Wiederum kam Jesaja und fand die Grundlage in zwei Geboten, wie es bei Jesaja 56,1 heißt: So spricht der Herr:

1. Bewahret das Recht und
2. Übet Gerechtigkeit.

Babylonischer Talmud, Makkot 23b.24a

Amos und Habakuk

Amos fand die Grundlage der Thora in einem einzigen Gebot, wie es bei Amos 5,4 heißt:
So spricht der Herr zum Hause Israel:

Sucht Mich, so werdet ihr leben!

Raw Nachman bar Jizchak protestierte dagegen: »Man könnte ja den Vers in Amos 5,4 so verstehen, als ob Gott durch die Beobachtung der ganzen Thora zu suchen sei! Nein, der Prophet, der die Grundlage aller Gebote in einem einzigen Gebot fand, war Habakuk, der sagte 2,4:

»Der Fromme lebt durch sein Vertrauen.«

Babylonischer Talmud, Makkot 23b.24a

Noah

Sieben Gebote wurden den Nachkommen Noahs erteilt: Rechtspflege, Gott nicht zu lästern, keinen Götzendienst zu treiben, Unzucht zu vermeiden, nicht zu morden und nicht Fleisch vom lebendigen Tier zu entnehmen.

Die sog. »noachitischen Gebote«, Babylonischer Talmud, Sanhedrin 56a

Auf der Basis des Rechts und der Anerkennung des Anrechts aller Menschenklassen und Individuen muß sich das gesellschaftliche Leben aufbauen, nicht auf einem bloß äußerlichen Rechtsleben des Staates oder auf einer allerlei Ungerechtigkeit duldenden oder gar gutheißenden Liebe.

Kaufmann Kohler

Hillel und Schammai

Es kam einmal ein Heide zu Schammai und sagte zu ihm: »Bekehre mich zum Judentum unter der Bedingung, daß du mich die ganze Thora lehrst, während ich auf einem Fuß stehe.«
Mit einem Zollstock warf Schammai ihn sofort hinaus. Der Heide ging dann zu Hillel und wiederholte seinen Wunsch: »Bekehre mich zum Judentum unter der Bedingung, daß du mich die ganze Thora lehrst, während ich auf einem Fuß stehe.«
Hillel nahm ihn ins Judentum auf und belehrte ihn wie folgt: »Was dir verhaßt ist, tue auch deinem Nächsten nicht an. Das ist die ganze Thora. Alles weitere ist Kommentar dazu. Geh hin und lern ihn!«

Babylonischer Talmud, Schabbat 31a

Unser Ausgangstext ist unsere Lebenserfahrung; alle heiligen Bücher sind Kommentare dazu.

Lionel Blue

Ein Mensch

Ein Mensch tue gute Werke und suche dann die Weisung Gottes. Ein Mensch tue gerechte und gute Werke und suche dann die Weisheit Gottes. Ein Mensch wähle den Weg der Demut und suche dann nach Gottes Verständnis.

Seder Elijahu Rabba 5

Erfülle den Willen Gottes, als ob es dein Wille sei, damit Gott deinen Willen erfülle, als ob es sein Wille sei. Beuge deinen Willen gegenüber dem Willen Gottes, damit Gott den Willen anderer gegenüber deinem Willen beuge.

Sprüche der Väter 2,4

6. Juni

DIE WORTE GOTTES

»Und diese Worte, die ich dir heute befehle, sollen in deinem Herzen sein.« (Dtn 6,6). – »Die ich dir *heute* befehle.« Daß sie in deinen Augen nicht seien wie eine alte Verordnung, die niemand beachtet, sondern wie eine neue Verordnung, der alle entgegenlaufen.

Midrasch Sifre Deuteronomium, Pisqa33

Die Unterweisungen sollten nicht als eine Ansammlung von Material betrachtet werden … Entweder lebt die Unterweisung im Leben eines Menschen, oder sie lebt überhaupt nicht.

Martin Buber

Morgengebet

Hilf uns, Ewiger, unser Gott und Gott unserer Vorfahren, daß deine Weisung unsere Entscheidungen prägt und wir gemäß deiner Gebote leben. Hilf, daß die Verfehlung keine Macht über uns gewinnt und laß uns nicht zur Übertretung verleitet werden. Führe uns nicht in Versuchung und nicht in Situationen, für die wir uns schämen müssen. Laß uns nicht vom bösen Trieb beherrscht sein. Halte böse Menschen und falsche Freundinnen und Freunde von uns fern. Laß uns von unserem guten Trieb und von guten Taten bestimmt sein. Dränge unsere Triebe, daß sie sich dir unterwerfen. Laß uns Güte, Liebe und Barmherzigkeit finden in deinen Augen und in den Augen aller Menschen, denen wir heute begegnen. Heute und an jedem Tag laß uns deine Freundlichkeit spüren.

Babylonischer Talmud, Berachot 60b

Willst du's tun?

Willst du's nicht tun, dann tu es nicht! Warst du bereit jedoch, dann tu's genau nach Pflicht.

Babylonischer Talmud, Joma 77a

Solange wir die uns auferlegten Pflichten nicht erfüllt haben, können wir nicht glücklich sein.

Moses Mendelssohn

Und nun, Israel, was fordert der Ewige von dir? Nichts als daß du von ganzem Herzen und von ganzer Seele vor dem Ewigen, deinem Gott, Ehrfurcht haben, in allen seinen Wegen wandeln, ihn lieben und ihm dienen sollst.

Deuteronomium 10,12

Glaube lebt aus der Vernunft

Die Thora fordert nicht, daß man sich zu irgendeiner Gesetzeserfüllung drängen soll. Nur über den Frieden sagt sie: Fordere den Frieden und jage ihm nach.

Midrasch Numeri Rabba zu Num 19

Unter allen Vorschriften und Verordnungen des mosaischen Gesetzes lautet kein einziges: Du sollst glauben, oder nicht glauben, sondern alle heißen: Du sollst tun, oder nicht tun! Dem Glauben wird nicht befohlen; denn der nimmt keine andern Befehle an, als die den Weg der Überzeugung zu ihm nehmen. Alle Befehle des göttlichen Gesetzes sind an den Willen, an die Tatkraft der Menschen gerichtet.

Moses Mendelssohn

Gottes Worte erneuern die Seele

Gott ist nicht ein Gegenstand neben Gegenständen und kann daher nicht durch Verzicht auf Gegenstände erreicht werden. Gott ist zwar nicht das All, aber er ist erst recht nicht das Sein minus das All. Er ist nicht durch Abzug zu finden und nicht durch Abstrich zu lieben.

Martin Buber

Rabbi Jehuda lehrte im Namen Samuels: Es heißt (Lev 18,5): »Ihr sollt wahren meine Satzungen und meine Rechte, die der Mensch üben soll, auf daß er durch sie lebe« – daß er durch sie *lebe*, nicht aber, daß er an ihnen sterbe.

Babylonischer Talmud, Joma 85b

Gottes Thora ist beständig. Sie erneuert die Seele.
Gottes Anordnung ist bewährt.
Sie läßt den Toren weise werden.
Gottes Dienstanweisung ist gerecht.
Sie erfreut das Herz.
Gottes Gebot ist klar. Es erleuchtet die Augen.
Die Gottesfurcht ist rein. Sie besteht für immer.
Gottes Rechtssprüche sind wahrhaftig.
Sie sind alle gerecht.

Psalm 19, 9-10

11. Juni

Das Studium der Worte Gottes

Das Studium der Thora ist wichtiger als der Bau des Tempels.

Babylonischer Talmud, Megilla 15b

Die Thora ist wie ein Mädchen, das hübsch, anmutig und umworben ist, aber in einem verschlossenen Palast lebt. Es gibt einen heimlichen Liebhaber, niemand kennt ihn. Dieser Liebhaber kommt aus Liebe zu ihr zu den Türen des Palastes. Er sieht sich überall nach ihr um, und sie weiß, daß ihr Liebhaber vor der Tür ihres Hauses auf und ab geht. Was wird sie tun? Sie öffnet eine kleine Türe und zeigt ihrem Liebhaber ihr Gesicht. Dann zieht sie es wieder zurück. ... Aus Liebe zu ihm hat sie sich ihm einen Moment lang gezeigt, um so seine Liebe zu wecken. – So ist es auch mit der Thora. Sie offenbart sich nur dem Menschen, der sie liebt. Die Thora weiß, daß der Weise täglich an der Tür ihres Hauses auf und ab geht. Was wird sie tun? Sie zeigt ihm ihr Gesicht, und ihre Gesichtszüge spiegeln ihre Liebe wider. Dann zieht sie sich wieder zurück – unbemerkt. Nur er allein weiß es, und er beginnt von ganzem Herzen, mit seiner ganzen Seele nach ihr zu verlangen. So also ist die Thora: offenbart und verborgen. Und liebevoll geht sie mit dem um, der sie liebt, um seine Liebe zu wecken.

Zohar, Mischpatim 99a

Man holt nicht Gott herab aus seinen Himmeln

Man holt nicht Gott herab aus seinen Himmeln.

Richard Beer Hoffmann

Bei einem Streit über eine religiöse Frage beharrte Rabbi Eliëser auf seiner Meinung, fand aber kein Gehör. Entrüstet rief er: »Möge dieser Johannisbrotbaum mein Recht bezeugen!« Da wurde der Johannisbrotbaum entwurzelt. »Das ist kein Beweis!« sprachen die Kollegen. Rabbi Eliëser forderte daraufhin, daß die Quelle als Beweis rückwärts fließe, doch auch dies überzeugte nicht. Er bat die Wände des Lehrhauses einzustürzen. Als Rabbi Jehoschua ihnen jedoch Einhalt gebot, blieben sie geneigt stehen; aus Achtung vor Rabbi Eliëser richteten sie sich nicht wieder auf. »Der Himmel mag mein Recht beweisen!« rief zum Schluß Rabbi Eliëser. Da ließ sich eine Stimme hören, die rief: »Wie wagt ihr es, mit Rabbi Eliëser zu streiten? Auf dessen Seite ist das Recht!« Wieder erhob sich Jehoschua und sprach: »Die Thora ist nicht der Himmel! Sie wurde am Sinai Israel gegeben, und in ihr heißt es, daß man sich bei Gesetzesbestimmungen nach der Mehrheit zu richten habe. Wir achten auf diese himmlische Stimme nicht!« – Als man später den Propheten Elijahu traf und ihn fragte, was der Heilige, gepriesen sei Er, in dieser Stunde tat, erwiderte er: »Er schmunzelte und sprach: ›Meine Kinder haben mich besiegt, meine Kinder haben mich besiegt.‹«

Babylonischer Talmud, Baba Mezia 59b

13. Juni

Studium der Thora und weltlicher Beruf

Es ist gut, das Studium der Thora mit einem weltlichen Beruf zu verbinden, denn das Bemühen um beides verdrängt Sünde. Jedes Studium ohne Erwerbstätigkeit endet im Müßiggang und zieht Sünde an.

Sprüche der Väter 2,2

Erwirb Weisheit für einen Teil deines Vermögens – wenn es nicht genügt, dann gib dein ganzes Vermögen für sie aus.

Abraham ibn Esra

Es nimmt kein Ende mit dem vielen Bücherschreiben, und viel Studieren ermüdet den Leib. Hast du alles gehört, so lautet der Schluß: Fürchte Gott und achte auf seine Gebote! Das allein hat jeder Mensch nötig. Denn Gott wird jedes Tun vor das Gericht bringen, das über alles Verborgene urteilt, es sei gut oder böse.

Kohelet 12,13-14

14. Juni

Gottes Wort ist dein Leben

Einst hatte die ruchlose Regierung Roms den Befehl erlassen, daß Israel sich nicht mehr mit der Thora beschäftigen sollte. Da kam Papos ben Jehuda und traf Rabbi Akiwa, wie er öffentlich Versammlungen abhielt und sich mit der Thora beschäftigte. Er sprach zu ihm: »Akiwa, hast du denn keine Angst vor der ruchlosen Regierung?« Dieser erwiderte: »Ich will dir ein Gleichnis erzählen. Womit ist die Sache zu vergleichen? Ein Fuchs ging am Ufer eines Flusses entlang und sah, wie die Fische sich ständig an neuen Orten versammelten. Er sprach zu ihnen: ›Wovor habt ihr Angst?‹ Sie erwiderten: ›Vor den Netzen, die die Menschen nach uns auswerfen.‹ Da sprach er zu ihnen: ›Bitteschön, kommt doch auf das Land hinauf, und wir – ich und ihr – wollen miteinander wohnen, wie einst meine Vorfahren mit euren Vorfahren gewohnt haben.‹ Darauf erwiderten ihm jene: ›Bist du es, von dem man sagt, er sei das klügste unter den Tieren? Du bist nicht klug, sondern dumm; wenn wir schon am Ort unseres Lebens Angst haben, um wieviel mehr am Ort unseres Todes!‹ So auch wir: Wenn wir jetzt in Not sind, wo wir zusammensitzen und uns mit der Thora beschäftigen, in der es heißt: ›Denn sie ist dein Leben und die Verlängerung deiner Tage‹ (Dtn 30,20), um wieviel mehr sind wir es erst, wenn wir gehen und uns ihr entziehen!«

Babylonischer Talmud, Berachot 61b

Du aber wähle das Leben

Erwäge den Nachteil, den du hast, wenn du das Gebot befolgst gegenüber dem Lohn, den es dir einbringen wird, und erwäge den Vorteil, den du hast, wenn du es übertrittst, gegenüber dem Schaden, den dir die Übertretung bringen wird.

Sprüche der Väter 2,1

An unserer lieben Thora können wir uns festhalten, aber uns Menschen ist die Wahl gegeben, daß wir tun können, was wir wollen. Und in der Thora steht geschrieben von Lohn und Strafe für gute und böse Taten: »Du aber wähle das Leben«.

Aus den Memoiren der Glückel von Hameln

16. Juni

Eisenbahn und Katze

Alles wurde gemacht, um uns etwas zu lehren: Die Eisenbahn – wegen einer Minute zu spät läuft dir alles weg. Der Telegraf – jedes Wort wird gezählt und als Rechnung präsentiert. Das Telefon – man hört dort, was du hier sprichst.

Abraham Jaakob aus Sadagora

Wäre uns die Thora nicht gegeben, dann würden wir Bescheidenheit von der Katze lernen, Ehrlichkeit von der Ameise und gute Sitten vom Hahn.

Babylonischer Talmud, Eruwin 100b

Vier sind die Kleinsten auf Erden, dennoch sind sie durchtrieben klug: die Ameisen, ein ohnmächtiges Völkchen, und bereiten im Sommer ihre Speise vor. Die Kaninchen, ein kraftloses Völkchen, und setzen auf Felsen ihr Haus. Keinen König haben die Heuschrecken und ziehen doch alle geschart aus. Die Spinne kannst du mit Händen fangen, und doch ist sie in Königs Palästen.

Sprüche 30,25

17. Juni

Der Mensch, ein Bild Gottes

Einst rügte Raw Huna seinen Sohn Rabbah: »Warum befindest du dich eigentlich nicht bei den Lehrvorträgen des Raw Chisda? Es wird doch von ihm gesagt, daß seine Lehre sehr scharfsinnig sei.« Da antwortete der Sohn: »Warum soll ich zu ihm gehen? Wenn ich dort bin, spricht Raw Chisda immer nur von weltlichen Dingen. Er redet von den Funktionen der Verdauungsorgane und von anderen rein physischen Angelegenheiten.« Der Vater aber sprach zu ihm: »Raw Chisda redet von den Geschöpfen Gottes, und du nennst das ›weltlich‹! Geh zu ihm hin!«

Babylonischer Talmud, Schabbat 82a

Die Himmel erzählen die Herrlichkeit Gottes
und seiner Hände Werk verkündet das Firmament.

Psalm 19,2

Gott schuf den Menschen in seinem Bilde, im Bilde Gottes schuf er ihn; als Mann und Frau schuf er sie.

Genesis 1,27

Suche dir einen Menschen, von dem du lernen kannst

Suche dir einen Menschen,
von dem du lernen kannst.
Suche dir einen Menschen
für eine Freundschaft.
Beurteile einen jeden Menschen
nach seiner guten Seite.

Sprüche der Väter 1,6

Ein Buch ist ein Freund, der deine Fähigkeiten aufdeckt; es ist ein Licht in der Finsternis und ein Vergnügen in der Einsamkeit; es gibt und es nimmt nicht.

Mosche ibn Esra

Die Heiligung des Menschen ist sein eigenes Werk

Die Heiligung des Menschen ist sein eigenes Werk.

Max Dienemann

Eure Heiligkeit soll darin bestehen, wahrhaft menschlich zu sein, nicht engelhaft. Engel hat Gott genug.

Chassidisch

Wenn immer in der Thora von der Pflicht oder dem Ideal der Heiligkeit die Rede ist, wird unvermeidlich der Plural verwendet, denn sterbliche Menschen erreichen nur dann Heiligkeit, wenn sie mit anderen für einen großen Zweck oder ein Ideal zusammenarbeiten, als Mitglied einer Gemeinde, Gesellschaft oder eines »Königreichs«. Nur von Gott kann man sagen: der *eine* Heilige.

Maurice Lazarus

Der Mensch ist mit vielen Fehlern erschaffen worden

Der Mensch ist mit vielen Fehlern erschaffen worden, damit es ihm möglich sei, diese Fehler zu korrigieren.

Menachem Mendel aus Rymanow

Du sollst dich nicht immerzu mit dem quälen, was du falsch gemacht hast, sondern die Seelenkraft, die du auf solche Selbstvorwürfe verwendest, sollst du der Tätigkeit an der Welt zuwenden, für die du bestimmt bist.

Martin Buber

Jedem nach seinen Fähigkeiten

Ein Wahlspruch war es im Munde der Rabbanan aus Jabne: Ich bin ein Geschöpf, und mein Nächster ist ein Geschöpf: Meine Arbeit ist in der Stadt, und seine Arbeit ist auf dem Felde; ich mache mich früh zu meiner Arbeit auf, und er macht sich früh zu seiner Arbeit auf; wie er sich nicht meine Arbeit anmaßt, so maß ich mir nicht seine Arbeit an. Vielleicht aber sagst du: Ich tue viel, er aber wenig. So haben wir gelernt: ob man viel oder wenig tut, wenn man nur sein Herz auf den Himmel richtet.

Babylonischer Talmud, Berachot 17a

Jedem nach seinen Fähigkeiten, jedem nach seinen Bedürfnissen.

Karl Marx

Wir sind dein Volk

Rabbi Berechja sagte einst im Namen Rabbi Levis: Ein König hatte einen Weinberg und überließ ihn der Obhut eines Pächters. Wenn der Wein gut war, sprach er: »Wie gut ist doch der Wein von meinem Weinberg!« Aber wenn der Wein schlecht war, sprach er: »Wie schlecht ist der Wein meines Pächters!« Da sagte der Pächter: »Ob der Wein nun gut oder schlecht ist, so ist er doch auf jeden Fall dein Wein.«

Midrasch Pesikta de Raw Kahana, Pisqa 16

Denn wir sind dein Volk; du bist unser Gott.
Wir sind deine Kinder; du bist uns Vater und Mutter.
Wir sind deine Knechte und Mägde; du gebietest uns.
Wir sind deine Gemeinde; du bist unser Teil.
Wir sind dein Erbe; du bist unser Schicksal.
Wir sind deine Herde; du weidest uns.
Wir sind dein Weinberg; du pflegst uns.
Wir sind dein Werk; du hast uns geschaffen.
Wir sind die von dir Geliebten; du liebst uns.
Wir sind dein Eigentum; du bist uns nahe.
Wir sind dein Volk; du regierst über uns.
Wir bringen dich zu Ehren; du bringst uns zu Ehren.

Aus der jüdischen Liturgie

Dieses Wort ist die Wahrheit

Wenn ihr auf meine Gebote hört, auf die ich euch heute verpflichte, wenn ihr also den Ewigen, euren Gott, liebt und ihm mit eurem ganzem Herzen und mit eurer ganzen Seele dient, dann gebe ich eurem Land seinen Regen zur rechten Zeit, den Frühregen im Herbst und den Spätregen im Frühjahr, und du kannst Korn, Most und Öl ernten; dann gebe ich deinem Vieh sein Gras auf dem Feld, und du kannst essen und satt werden. Aber nehmt euch in acht! Laßt euer Herz nicht verführt werden, weicht nicht vom Weg ab, dient nicht anderen Göttern und werft euch nicht vor ihnen nieder! Sonst wird der Zorn des Ewigen gegen euch entbrennen.

Deuteronomium 11, 13-17

Dieses Wort ist die Wahrheit. Allezeit ist es für uns gültig, anerkannt und gut. Es ist wahr, daß du bis in Ewigkeit Gott bist und über uns regierst. Du bist der Fels Jakobs, der Schutzschild zu unserem Heil. Beständig bist du von Generation zu Generation. Deine Herrschaft und deine Treue haben immerwährenden Bestand. Du, Ewiger, bist in Wahrheit unser Gott und der Gott unserer Vorfahren. Unser Erlöser und unser Erretter – das ist von jeher dein Name. Es gibt keinen anderen Gott außer dir.

Aus dem täglichen Morgengebet

24. Juni

Leichte und schwere Gebote

Beachte mit der gleichen Sorgfalt das leichte Gebot wie das schwere, denn du kennst den Lohn nicht, den ein Gebot bringen wird.

Sprüche der Väter 2,1

Es kommt vor, daß einer sich den Himmel in einer einzigen Stunde verdient.

Babylonischer Talmud, Awoda Sara 10b

Es kommt vor, daß die ganze Schönheit eines Gedichtes auf einer einzigen Strophe beruht.

Mosche ibn Esra

Unwissende und Kluge

Wer unwissend ist, fürchtet keine Sünde, und wer ungebildet ist, ist nicht religiös. Wer schüchtern ist, wird nicht lernen, und wer ungeduldig ist, kann nicht lehren.

Sprüche der Väter 2,6

Wer mit Klugen umgeht, wird klug, aber wer sich zu Toren gesellt, zerschellt.

Sprüche 13, 20

Bücher sind Hüllen der Weisheit, bestickt mit den Perlen der Worte.

Mosche ibn Esra

DER ENDZWECK DER WEISHEIT IST BUẞE UND GUTE WERKE

Ein Gelehrter ohne Bücher ist wie ein Handwerker ohne sein Gerät.

Jüdisches Sprichwort

Ein Motto war es im Munde Rabas: Der Endzweck der Weisheit ist Buße und gute Werke; daß der Mensch nicht lese und lerne, sich dann aber gegen Vater und Mutter auflehne, gegen seine Lehrer und gegen den, der größer ist als er in Weisheit und Bedeutung. So heißt es: der Weisheit Anfang ist die Gottesfurcht, ein gutes Ansehen für alle, die sie ausüben (Ps 111,10). Es heißt nicht »lernen«, sondern »ausüben«. Für jeden aber, der sie nicht um ihrer selbst willen ausübt, wäre es besser, er wäre nicht erschaffen worden.

Babylonischer Talmud, Berachot 17a

27. JUNI

Die Gerechten

Es gibt auf der Welt keinen Gerechten, der immer nur Gutes tut und nie sündigt.

Kohelet 7,20

Wenn einer sein ganzes Leben hindurch ein Gerechter war, zuletzt aber aufbegehrt, geht sein Verdienst für alles Vorhergehende verloren.
Wenn einer sein ganzes Leben hindurch ein Bösewicht war, zuletzt aber bereut, gedenkt man nicht mehr seiner Sünden.

Babylonischer Talmud, Kidduschin 40b

28. Juni

Wem ich gnädig bin, dem bin ich gnädig

Damals zeigte der Heilige, gelobt sei Er, dem Moses alle Schatzkammern des Himmels, wo der Lohn für die Gerechten aufgespeichert ist. Moses fragte Ihn: »Herr der Welt, für wen ist diese Schatzkammer bestimmt?« Gott antwortete: »Für diejenigen, welche ein gerechtes Leben führen.« – »Und diese Schatzkammer?« – »Für Leute, welche die Waisen unterstützen.« Und so ging es immer weiter, bis sie an eine ganz riesige Schatzkammer kamen. Da fragte Moses: »Für wen ist diese Schatzkammer bestimmt?« Gott antwortete ihm: »Wenn jemand seinen eigenen Verdienst hat, dann gebe Ich ihm, was ihm aus seiner Schatzkammer zusteht. Wenn aber jemand keinen eigenen Verdienst hat, dann gebe Ich ihm gratis, das heißt aus reiner Gnade aus dieser Schatzkammer.« Daher heißt es auch: »Wem Ich aber gnädig bin, dem bin Ich gnädig« (Ex 33,19).

Midrasch Tanhuma, Ki Tissa 16

29. Juni

Wenn du viel Thora gelernt hast

Wenn du viel Thora gelernt hast, wird man dir großen Lohn geben; dein Auftraggeber ist zuverlässig und zahlt dir den Lohn für deine Arbeit. Sei dir jedoch dessen bewußt, daß der Lohn für die Gerechten erst in der Zukunft bezahlt werden wird.

Sprüche der Väter 2,21

Wer die Thora lernt und wieder vergißt, gleicht einer Frau, die ein Kind gebiert und begräbt.

Babylonischer Talmud, Sanhedrin 99a

30. Juni

Juli

Die Thora als Quelle der Weisheit

Lernen

Selbstbeherrschung

Die Weisheit, wo kommt sie her,
wo ist der Ort der Einsicht?
Verhüllt ist sie vor aller Lebenden Auge,
verborgen vor den Vögeln des Himmels.
Unterwelt und Tod sagen: Unsere Ohren haben
nur ein Gerücht von ihr gehört.
Gott kennt ihren Weg, Gott kennt ihren Ort.
Denn Gott blickt bis hin zu den Enden der Erde,
Gott sieht alles unter dem Himmel.
Und dem Menschen sagte Gott:
Gottesfurcht, das ist Weisheit,
das Böse zu meiden, das ist Einsicht.

Hiob 28,20-24.28

Drei Dinge sind die Grundlage der Welt:
die Thora, der Gottesdienst und die guten Werke.

Sprüche der Väter 1,2

Du begabst den Menschen mit Verstand

Du begabst den Menschen mit Verstand, das menschliche Wesen lehrst du Vernunft. Laß uns begabt sein mit Verstand, Vernunft und Klugheit. Gepriesen seist du, Ewiger. Du begabst den Menschen mit Verstand.

Aus der jüdischen Liturgie

Der Verstand ist ein Geschenk, die Bildung erworben.

Salomo ibn Gabirol

Wenn du glaubst, dein Verstand sei stumpf geworden, schärf ihn bei einem Weisen.

Mosche ibn Esra

Du läßt Menschen aus Fleisch und Blut an deiner Weisheit teilhaben

Wer einem Menschen begegnet, der religiöses Wissen und Weisheit besitzt, spricht: »Gepriesen seist du, Ewiger, unser Gott; du regierst die Welt. Du läßt Menschen aus Fleisch und Blut an deiner Herrlichkeit teilhaben.«
Wer einem Menschen begegnet, der über großes Wissen verfügt, spricht: »Gepriesen seist du, Ewiger, unser Gott; du regierst die Welt. Du läßt Menschen aus Fleisch und Blut an deiner Weisheit teilhaben.«

Aus der jüdischen Liturgie

Denken ist Graben und mit einem Senkblei messen. Viele Menschen haben keine Kräfte zum Graben, andere keinen Mut und Gewohnheit, das Blei ins Tiefe sinken zu lassen.

Rahel Varnhagen

Wenn ein Narr einen Stein in den Brunnen wirft, können ihn zehn Weise nicht wieder herausnehmen.

Jüdisches Sprichwort

Vernunft und Religion

Die wahre Tugend ist das Leben unter Leitung der Vernunft.

Baruch Spinoza

Der Verstand ist der Träger des Glaubens.

Moses Maimonides

Einst sah der Baal Schem Tow einen Mann, der völlig ins Studium seiner Bücher vertieft war. Er sagt: »Dieser Mann ist so in seine Studien vertieft, daß er die Anwesenheit Gottes in dieser Welt vergessen hat.«

Chassidisch

Die sieben Eigenschaften eines weisen Menschen

Sieben Eigenschaften kennzeichnen einen ungebildeten Menschen und sieben einen weisen:
* Wer weise ist, spricht nicht vor jemandem, der ihn an Weisheit übertrifft. * Er fällt einem anderen nicht ins Wort. * Er antwortet nicht voreilig. * Er fragt zur Sache und antwortet zur Sache. * Er spricht über das Erste zuerst und über das Letzte zuletzt. * Von dem, was er nicht versteht, sagt er: »Ich verstehe es nicht.« * Er bekennt sich zur Wahrheit. – Das Gegenteil kennzeichnet den Ungebildeten.

Sprüche der Väter 5,10

Wer selbst gelernt hat, aber nicht andre lehrt, gleicht einer Myrte in der Wüste.

Babylonischer Talmud, Rosch ha-Schana 23a

Glück und Klugheit

Wenn einer kein Glück hat, ist all seine Klugheit vergeblich.

Sprüche der Soferim

Das persönliche Glück? Ach, wieviel dieses Glücks findet der, der nicht danach sucht. Das Glück ist so relativ. Kann sich nicht derjenige glücklich schätzen, der seinen Kindern bei seinem Tod als einzigen Familienschatz die Erinnerung an sich hinterläßt? Wie oft verbirgt sich hinter dem Schein des Glücks eine tiefe Leere, eine große Verbitterung; doch derjenige, der sich ein ernstes und anerkennenswertes Ziel setzt und danach strebt, findet doch immer das Glück. Und je umfassender dieses Ziel ist, je weitere Kreise es zieht, je konzentrierter die Arbeit, desto näher ist das Glück.

Janusz Korczak

5. Juli

Tun und Wissen

Wohl demjenigen, dessen gute Taten seine Weisheit übertreffen!

Tana de-Rabbi Eliahu 17

Womit ist jemand zu vergleichen, dessen Wissen größer ist als seine Taten? Dieser Mensch gleicht einem Baum, der viele Zweige und wenig Wurzeln hat. Wenn ein Wind kommt, entwurzelt er ihn und stürzt ihn um. … Womit ist jemand zu vergleichen, dessen Taten größer sind als sein Wissen? Dieser Mensch gleicht einem Baum, der wenig Zweige und viele Wurzeln hat. Selbst wenn alle Winde der Welt kämen und gegen ihn bliesen, könnten sie ihn nicht von der Stelle bewegen. …

Sprüche der Väter 3,22

Der Gerechte wird grünen wie ein Palmbaum; er wird wachsen wie eine Zeder auf dem Libanon.

Psalm 92,13

Wissen und Erkenntnis Gottes

Das Wissen eines Menschen, bei dem die Furcht vor Sünde über dem Streben nach Wissen steht, wird Bestand haben. Aber das Wissen eines Menschen, bei dem das Streben nach Wissen über der Furcht vor der Sünde steht, wird keinen Bestand haben.

Sprüche der Väter 3,11

Gott erkennen, heißt nicht, sein Wesen verstehen, sondern den Weg des Rechten gehn, den Gott gewiesen hat.

Ismar Elbogen

7. Juli

Beachte folgende Dinge

Beachte folgende drei Dinge, dann wirst du nicht in Sünde fallen: Sei dir dessen bewußt, woher du kommst und wohin du gehst und vor wem du einst Rechenschaft ablegen mußt.

Sprüche der Väter 3,1

So soll man über seinen Charakter herrschen: Man soll lernen, selbstbewußt zu sein – aber nicht arrogant; zornig sein – aber nicht aufbrausend; reden – aber nicht große Reden schwingen; schweigen – aber nicht stillschweigen.

Dow Bär aus Mesritsch

Tu alles aus Liebe!

Sei stark wie ein Panther, leicht wie ein Adler, schnell wie eine Gazelle und mutig wie ein Löwe, wenn es darum geht, den Willen deines Vaters im Himmel zu erfüllen.

Sprüche der Väter 5,23

Alles, was ihr tut, sollt ihr aus Liebe tun.

Moses Maimonides

»Du sollst lieben den Ewigen, deinen Gott« (Dtn 6,5). Tu alles aus Liebe! Die Schrift macht einen Unterschied zwischen dem, der alles aus Liebe tut und dem, der es nur aus Furcht tut.

Sifre Deuteronomium zu Dtn 6,5

Der Lohn

Lerne eifrig Thora. Wisse, wie du einem Ungläubigen antwortest. Sei dir bewußt, für wen du arbeitest und wer dir den Auftrag gab und dir den Lohn für deine Arbeit zahlen wird.

Sprüche der Väter 2,19

Der Tag ist kurz und die Arbeit ist groß. Die Arbeiter sind träge, obwohl der Lohn hoch ist und der Hausherr drängt.

Sprüche der Väter 2,20

Verhaltet euch nicht wie Diener, die ihrem Herrn deshalb dienen, weil sie Lohn empfangen. Verhaltet euch vielmehr wie Diener, die ihrem Herrn nicht deshalb dienen, weil sie Lohn empfangen, und laßt die Ehrfurcht vor Gott euer Handeln bestimmen.

Sprüche der Väter 1,2

10. Juli

Der Weg zum Leben

Sei gleich bereit, auch ein nur kleines Gebot zu erfüllen, aber fliehe vor der Übertretung. Denn jede Erfüllung eines Gebotes zieht weitere Gebotserfüllung nach sich und jede Übertretung eines Gebotes weitere Gebotsübertretung. Der Lohn für eine Gebotserfüllung ist eine Gebotserfüllung und die Strafe für eine Übertretung ist eine Übertretung.

Sprüche der Väter 4,2

Dem tausendjährigen Wanderer darf kein noch so weiter Weg zu lang sein.

Juda Löb Pinsker

Laß uns wohlbehalten unterwegs sein. Behüte unsere Schritte und geleite uns mit deinem Frieden. Laß uns lebendig, froh und unversehrt unser Ziel erreichen. … Segne uns in allem, was wir tun und laß uns Wohlwollen, Güte und Mitgefühl bei dir finden und bei jedem Menschen, dem wir begegnen werden.

Jüdischer Reisesegen

Die Lehre eines kleinen Mädchens

Rabbi Jehoschua sagte: Ich wurde einst von einem kleinen Mädchen besiegt. Ich war auf einer Reise und sah einen Pfad durch ein Feld, der durch andere Reisende entstanden war, und ging ihn entlang. Ein kleines Mädchen fragte mich: »Ist dies nicht ein Feld?« Ich antwortete: »Nein, es ist ein ausgetretener Pfad.« Sie antwortete: »Willst du, weil andere das Feld zertrampelt haben, dasselbe tun?«

Babylonischer Talmud, Eruwin 53b

Auch die Frommen der anderen Völker haben Anteil am Paradies.

Tosefta zu Sanhedrin 80,13

Du wirst Rechenschaft ablegen müssen

Gegen deinen Willen wurdest du geboren, gegen deinen Willen lebst du, gegen deinen Willen wirst du sterben. Dann wirst du gegen deinen Willen Rechenschaft ablegen müssen vor Gott – Gott hat die höchste Macht und Gottes Heiligkeit sei gepriesen!

Sprüche der Väter 4,29

Ewiger, Ewiger, Gott, barmherzig und gnädig, langmütig und reich an Huld und Treue. Er bewahrt Liebe Tausenden, vergibt Vergehn und Missetat und Sünde, läßt aber niemand ungestraft; er ahndet die Schuld der Väter an den Kindern und Kindeskindern, am dritten und am vierten Geschlecht.

Exodus 34, 6-7

Die Grundbedingung der Sittlichkeit ist die Willensfreiheit

Die Grundbedingung der Sittlichkeit ist die Willensfreiheit.

Simon Bernfeld

Der Wille eines jeden Menschen ist frei! Wenn er dem guten Weg folgen und gerecht sein will, dann steht es in seiner Macht, dies zu tun. Wenn er dem Weg der Ungerechtigkeit folgen und böse sein will, dann steht es ebenfalls in seiner Macht, dies zu tun. Laßt unter euch nicht den Gedanken zu, den viele Unwissende für wahr halten, daß nämlich Gott – Gottes Heiligkeit sei gepriesen! – von der Geburt eines Menschen an beschlossen hätte, ob er gerecht oder ungerecht sein würde. Da es in unserer Macht liegt, Gutes oder Böses zu tun, und da wir alle unsere bösen Taten bei voller Entscheidungsfähigkeit getan haben, steht es uns an, in Reue umzukehren und von unserem bösen Tun abzulassen.

Moses Maimonides

Der freie Wille ist das Wesen des Menschen

Es gibt Menschen, die die Willensfreiheit leugnen. Solche aber verwerfen nicht nur die Religion, sondern jedes sittliche Handeln überhaupt.

Josef Albo

Der freie Wille ist das Wesen des Menschen, und Verstand und Gedanke sind seine Werkzeuge.

Sprüche der Weisen

Eine Stunde am Tag Zeit

Ein Mensch, der nicht einmal eine Stunde am Tage für sich hat, kann nicht Mensch genannt werden!

Nachman von Braclaw

Nimm dir Zeit dafür, Thora zu lernen, denn sie ist nicht automatisch deine Erbschaft.

Sprüche der Väter 2,17

Bildner ist, wer Geist aussendet; gebildet ist, wer Geist aufnimmt.

Leo Baeck

16. Juli

Lernen und Lehren

Wer lernt, um zu lehren, dem werden Gelegenheiten gegeben werden zu lernen und zu lehren. Wer lernt, um zu handeln, dem werden Gelegenheiten gegeben werden zu lernen und lehren, zu bewahren und zu erfüllen.

Sprüche der Väter 4,6

Während du lehrst, lernst du.

Midrasch Tehillim zu Ps 11

Von Unerfahrenen lernen

Wer von Unerfahrenen lernt, gleicht einem, der unreife Trauben ißt und Wein aus der Kelter trinkt. Wer von Erfahrenen lernt, gleicht einem, der reife Trauben ißt und alten Wein trinkt.

Sprüche der Väter 4,26

Rabbi Simcha Bunam von Przysucha wollte einmal den für seine Naivität bekannten Rabbi von Mogielnica hänseln. Er fragt ihn: »Sag mir, ich bitte dich, wie sieht eine Seele aus?« Da antwortete Rabbi Chaim Meïr Jechiël in seiner Schlichtheit: »Hast du einmal die Glaskristalle einer Hängelampe beobachtet, wie sich das Licht darin in bunten Farben bricht? So sieht eine Seele aus!«

Chassidisch

Siebzig Möglichkeiten, die Thora auszulegen

Erforsche die Thora immer und immer wieder, denn alles ist in ihr enthalten. Durch sie bekommst du den richtigen Blick. Mit ihr werde alt und grau. Von ihr weiche niemals ab. Denn es gibt keine bessere Richtlinie für dich als die Thora.

Sprüche der Väter 5,25

Für lange Zeit predigte Rabbi David Mosche von Tzartkov nicht und legte nicht die Bibel aus. Als man ihn nach dem Grund fragte, antwortete er: »Es gibt siebzig Möglichkeiten, die Thora auszulegen, eine davon ist Schweigen.«

Chassidisch

Bücher und Gelehrte

Gut ist ein Buch, wenn es im Leser das Gefühl weckt, er hätte es selbst schreiben können.

Sprüche der Soferim

Ein Zimmer ohne Bücher ist wie ein Raum ohne Seele.

Sprüche der Soferim

Groß ist der Haß der Ungebildeten gegen die Gelehrten.

Babylonischer Talmud, Pessachim 49b

Gib Gott, was Gott gehört

Gib Gott, was Gott gehört, denn du selbst und alles, was dir gehört, gehört Gott. Deshalb läßt die Schrift David sagen (1. Chron 29,14): »Von dir kommt alles, und was wir dir geben, stammt aus deiner Hand«.

Sprüche der Väter 3,8

In bezug auf die Worte der Schrift: »Wenn einer von Euch dem Herrn eine Opfergabe darbringen will«, sagte Rabbi von Ritzin: »Nur wer sich Gott darbringt, darf sich Mensch nennen.«

Chassidisch

21. Juli

Versage dir nicht das Gute

Nimmer darfst du deinem Leibe die notwendigen Bedürfnisse entziehen, der Seele zuviel zuwenden und ihn schwächen; dadurch würdest du beide schwächen. Biete deinem Leibe die Speise, die ihn aufrecht hält, und biete deiner Seele Weisheits- und Sittenlehren, auch über ihre Fassungskraft.

Bachja ibn Pakuda

Versage dir nicht das Gute, das der Tag dir bringt, und den Anteil an der Freude laß dir nicht entgehen.

Sirach 14,14

Nicht der Schmerz und die Trauer, nicht das Kasteien und Abhärmen ist der Höhepunkt des Judentums: Frohsinn, Heiterkeit und Freude ist sein heiligstes Ziel.

Samson Rafael Hirsch

22. Juli

Ein gutes Herz

Raban Jochanan ben Zakkai sagte einmal zu seinen Schülern: Brecht auf und erforscht, worauf der Mensch im Leben den größten Wert legen sollte. Rabbi Eliëser sagte: Einen wohlwollenden Blick zu haben. Rabbi Jehoschua sagte: Ein guter Freund zu sein. Rabbi Jose sagte: Ein guter Nachbar zu sein. Rabbi Schim'on sagte: Die Zukunft im voraus zu bedenken. Rabbi El'asar sagte: Ein gutes Herz zu haben. Er antwortete ihnen: Ich gebe den Worten von Rabbi El'asar ben Arach den Vorzug, denn in seinen Worten sind alle eure Worte enthalten.

Sprüche der Väter 2,13

Ein fröhliches Herz belebt das Aussehen – ein beklommenes schlägt den Mut nieder.

Sprüche 15,13

Sei nicht neidisch

Ein neidisches Auge, der böse Trieb und der Haß auf andere schaden der Seele eines Menschen.

Sprüche der Väter 2,16

Sei nicht neidisch auf deinen Nächsten, kränke ihn nicht, bestiehl ihn nicht, auch nicht um seine gute Meinung.

Jakob ben Ascher

24. Juli

Du sollst nicht ehebrechen

Du sollst nicht ehebrechen.

Exodus 20,13

Rabbi Simon ben Lakisch lehrte: Du sollst nicht glauben, daß man nur durch die Tat Ehebrecher wird, auch mit dem Auge wird man Ehebrecher.

Midrasch Levitikus Rabba 23

Rabbi Lewi Jitzchaq sagte: Ob wir Gott wirklich lieben, zeigt sich an unserer Liebe zueinander.

Chassidisch

25. Juli

Das Eigentum deines Nächsten sei dir kostbar

Das Eigentum deines Nächsten sei dir so kostbar wie dein eigenes.

Sprüche der Väter 2,17

Nimm nichts ohne Wissen des Besitzers auch nur zum augenblicklichen Gebrauch, um es gleich wiederzugeben, denn es ist Diebstahl für den Augenblick.

Samson Rafael Hirsch

Man soll von seinem Nächsten immer nur das Gute sagen und auch dessen Vermögen schützen, wie man sein eigenes Vermögen schützt.

Moses Maimonides

Betrug in der Wirtschaft ist Raub. Geschäftstricks sind dadurch nicht weniger unehrlich, daß sie nach den staatlichen Gesetzen nicht strafbar sind oder der Handel sie gestattet oder über sie hinwegsieht. … Ehrlichkeit und Wahrhaftigkeit sind die erste Pflicht, die ein Mensch seinem Mitmenschen gegenüber hat.

Morris Joseph

Im Zorn verliert jeder seine Klugheit

Im Zorn verliert jeder seine Klugheit, auch der Weise.

Babylonischer Talmud, Pessachim 66b

Besser ein Langmütiger als ein Kriegsheld und einer, der sich selbst beherrscht, als ein Städtebezwinger.

Sprüche 16,32

Die Welt besteht nur dank denen, die ihren Zorn beherrschen.

Babylonischer Talmud, Chullin 89a

Der Mensch darf nicht hart und unversöhnlich sein

Vier verschiedene Gemütsarten gibt es unter den Menschen: * Einige sind schnell zu erzürnen und schnell zu beschwichtigen – der Schaden hebt den Gewinn auf. * Einige sind schwer zu erzürnen und schwer zu beschwichtigen – der Gewinn hebt den Schaden auf. * Einige sind schwer zu erzürnen und schnell zu beschwichtigen – dies sind die Frommen. * Einige sind schnell zu erzürnen und schwer zu beschwichtigen – dies sind die Ungerechten.

Sprüche der Väter 5,14

Der Mensch darf nicht hart und unversöhnlich sein, sondern er muß schwer zu erzürnen und leicht zu versöhnen sein.

Moses Maimonides

Wahrheit, Recht und Frieden

Drei Dinge sind es, die der menschlichen Gesellschaft Bestand geben: Wahrheit, Recht und Frieden.

Sprüche der Väter 1,18

Bevorzuge die Wahrheit und das Recht, die dir zum Nachteil scheinen, vor einer Lüge und Ungerechtigkeit, die dir zu nützen scheint.

Moses Maimonides

Es ist erlaubt, zu lügen, wenn es gilt, zwischen einem Menschen und seinem Nächsten Frieden zu stiften.

Midrasch Schalom

Wahrheit und Lüge

Alles hat Gott ins Leben gerufen mit Ausnahme der Lüge und der Falschheit, diese haben die Menschen erfunden.

Midrasch Pesikta Rabbati 24

Was nennt ihr Wahrheit? Die Täuschung, die Jahrhunderte alt geworden. Was Täuschung? Die Wahrheit, die nur eine Minute lang gelebt.

Baruch Spinoza

Gefährliche Wahrheit

Das Wörtlein »zu« ist meist gefährlich,
es schadet selbst dem Wörtlein »ehrlich«.

Moses Ephraim Kuh

Der Wein und die Wahrheit sind sich nur insofern ähnlich, als man mit beiden anstößt.

Moritz Gottlieb Saphir

Einst sagte der Baal Schem Tow: »Ein Sprichwort des Volksmundes lautet: ›Mit der Wahrheit kann man durch die ganze Welt kommen.‹ Das stimmt: Mit der Wahrheit kann man in der Tat durch die ganze Welt kommen, denn niemand läßt sie hinein und man wird von einem Ort an den anderen verjagt.«

Chassidisch

31. Juli

August

Reden und Schweigen
Soziales Verhalten
Verantwortung

Sechs Dinge sind es, die der Ewige haßt, und das siebente ist ihm Greuel: Hochmütig blickende Augen, falsche Zunge und Hände, die unschuldig Blut vergießen. Ein Herz, das Böses sinnt; Füße, die eilends zum Bösen laufen. Wer Lügen aushaucht: ein falscher Zeuge, und wer zwischen Brüdern Streit verursacht.

Sprüche 6,16-19

Ich bin der Herr

Ihr sollt nicht stehlen, nicht täuschen und einander nicht betrügen. Ihr sollt nicht falsch bei meinem Namen schwören; du würdest sonst den Namen deines Gottes entweihen. Ich bin der Herr.
Du sollst deinen Nächsten nicht ausbeuten und ihn nicht um das Seine bringen. Der Lohn des Tagelöhners soll nicht über Nacht bis zum Morgen bei dir bleiben. Du sollst einen Tauben nicht verfluchen und einem Blinden kein Hindernis in den Weg stellen; vielmehr sollst du deinen Gott fürchten. Ich bin der Herr.
Ihr sollt in der Rechtsprechung kein Unrecht tun. Du sollst weder für einen Geringen noch für einen Großen Partei nehmen; gerecht sollst du deinen Nächsten richten. Du sollst deinen Nächsten nicht verleumden und beim Blut deines Nächsten nicht still stehen. Ich bin der Herr.
Du sollst in deinem Herzen keinen Haß gegen deinen Bruder tragen.

Levitikus 19,11-17

Lehre deine Zunge

Lehre deine Zunge zu sagen: Ich weiß nicht. Denn vielleicht ertappt man dich sonst bei einer Lüge und nagelt dich darauf fest.

Babylonischer Talmud, Berachot 4b

Die Erfahrung lehrt über und über, daß die Menschen nichts weniger in der Gewalt haben als ihre Zunge.

Baruch Spinoza

Wer Verleumdungen verbreitet, dessen Sünden wachsen zum Himmel.

Babylonischer Talmud, Arachin 15b

Je mehr man spricht, desto mehr Dummheiten sagt man

Rede keine Worte, die nicht vernommen werden können mit dem Vorwand, am Ende würden sie vernommen werden.

Sprüche der Väter 2,5

Je mehr man spricht, desto mehr Dummheiten sagt man.

Mordechai Michelson

Mancher schweigt und gilt als weise; mancher wird trotz vielen Redens verachtet. Mancher schweigt, weil er keine Antwort weiß, mancher schweigt, weil er die rechte Zeit beachtet. Der Weise schweigt bis zur rechten Zeit, der Tor aber achtet nicht auf die rechte Zeit.

Sirach 20,5-7

Schweigen ist der Anfang der Weisheit

Schweigen ist der Anfang der Weisheit.

Salomo ibn Gabirol

Drei Worte beginnen im Hebräischen mit Buchstaben Schin: Schur, Schma we-Schtok! – Schau, horch und schweig!

Jüdisches Sprichwort

Was angeschaut werden kann, ist der Sprache überhoben, über sie hinausgehoben. Das Licht redet nicht, es leuchtet. Es verschließt sich mitnichten etwa in sich selbst; es strahlt ja nicht nach innen, sondern nach außen. Aber sein Ausstrahlen ist auch nicht ein Sichselberpreisgeben, wie es die Sprache ist; das Licht verschenkt, veräußert sich nicht wie die Sprache, wenn sie sich äußert, sondern es ist sichtbar, indem es ganz bei sich selber bleibt; es strahlt eigentlich nicht aus, es strahlt nur auf.

Franz Rosenzweig

4. August

Schön ist das Schweigen

Der schlimmste Mensch ist der, dessen Zunge schärfer ist als sein Verstand.

Mosche ibn Esra

Schön ist das Schweigen der Weisen – um wieviel mehr das der Narren.

Babylonischer Talmud, Pessachim 99a

Warum ist das ganze Ohr hart, aber das Ohrläppchen weich? Damit der Mensch, wenn er unanständige Reden hört, das Ohrläppchen in das Ohr hineinbiegen kann.

Babylonischer Talmud, Ketuwot 5a

Übermut und Undankbarkeit

Der Übermütige fährt in die Hölle.

Babylonischer Talmud, Awoda Sara 18b

Wenn du in den Himmel spuckst, wird es auf deinem Gesicht landen.

Midrasch Kohelet Rabba 7,21

Wirf keinen Stein in den Brunnen, von dem du deinen Durst gelöscht hast.

Babylonischer Talmud, Baba Qamma 92a

6. August

Demut

Von Rabbi Levitas aus Jawne ist das Wort überliefert: Sei äußerst demütig, denn was ein Mensch zu erwarten hat, ist das Gewürm.

Sprüche der Väter 4,4

Sprich nicht in deinem Herzen, du seist größer als dein Gefährte, weil du Gott mit Inbrunst dienst. Du bist nicht anders als alle Geschöpfe, die zum Dienst Gottes geschaffen wurden. Und womit wärst du angesehener als ein Wurm? Dient er doch dem Schöpfer mit seiner ganzen Einsicht und Kraft!

Baal Schem Tow

Hochmut

Wenn du viel Thora gelernt hast, dann bilde dir nichts darauf ein, denn dazu wurdest du geschaffen.

Sprüche der Väter 2,9

Der Baal Schem Tow sagte: »Ein begabter Mensch neigt zum Hochmut, ohne es zu merken. Nur wenn er sich demütigen läßt, merkt er, daß er voller Stolz ist. Der Hochmut gleicht einem Menschen, der in einem Wagen reist und einschläft. Der Kutscher fährt auf einen Berg und gelangt plötzlich auf eine Hochebene. Wenn der Reisende erwacht und bemerkt, daß er sich auf einem Berg befindet, wird er das kaum glauben. Erst wenn die Fahrt bergab geht, wird ihm bewußt, wie weit er nach oben gelangt war.«

Chassidisch

Es ist das charakteristische Merkmal des Genies, daß seine Äußerung als notwendig empfunden wird.

Max Liebermann

8. August

Alles hat seine Zeit

Versuche nicht, jemanden zu besänftigen, wenn er zornig ist. Versuche nicht, jemanden zu trösten, wenn sein Toter noch vor ihm liegt. Versuche nicht, jemanden über sein Gelübde zur Rede zu stellen, wenn er es gerade auf sich nimmt. Versuche nicht, jemandem mit einem Besuch zu belästigen, wenn er gerade schuldig geworden ist.

Sprüche der Väter 4,23

Alles hat seine Zeit:
Schweigen hat seine Zeit;
Reden hat seine Zeit.

Kohelet 3,7

Den Menschen dienen

Sei nachgiebig im Umgang mit Autoritäten; sei nachsichtig im Umgang mit Jugendlichen. Empfange jeden Menschen mit Freude.

Spruche der Väter 3,16

Wenn ein Mensch von seinem Wege abgeirrt ist, geht man ihm mit einem Gruß entgegen.

Midrasch Numeri Rabba

Sonderbar ist das Leben. Das Leben ist wie ein sonderbarer Traum. Wer einen starken Willen hat und entschlossen ist, den Menschen zu dienen, dem wird das Leben zu einem schönen Traum. Auch wenn der Weg zum Ziel verschlungen ist und die Gedanken ruhelos.

Janusz Korczak

Verachte keinen Menschen

Verachte keinen Menschen und halte keine Sache für fernliegend, denn es gibt keinen Menschen, der nicht seine Stunde und keine Sache, die nicht ihren Ort hat.

Sprüche der Väter 4,3

»Es gibt kein Ding, das keinen Ort hat« – also hat jeder Mensch seinen Standort. Warum dann ist doch so oft der Standort sehr eng für die Menschen? Weil jeder den Platz seines Nächsten wegnehmen möchte.

Abraham Jaakob aus Sadagora

Nicht die Stelle ehrt den Menschen, sondern der Mensch ehrt seine Stelle.

Babylonischer Talmud, Taanit 21b

Löwe und Fuchs

Komme allen Menschen mit deinem Gruß zuvor. Sei lieber der Schwanz eines Löwen als der Kopf eines Fuchses.

Sprüche der Väter 4,20

Wenn du dich setzest zu speisen mit einem Herrscher, merke wohl, wen du vor dir hast.

Sprüche 23,1

Der Einfältige glaubt jedes Ding, aber der Vorsichtige merkt auf seinen Schritt. Der Kluge ist behutsam und weicht dem Bösen aus, aber der Tor übernimmt sich und ist sorglos.

Sprüche 14,15-16

Es ist eine Schande für den Löwen, vor einem Fuchs zu weinen.

Midrasch Tanna debe Eliahu 17

12. August

Tierschutz

Verbinde nicht dem Ochsen das Maul beim Dreschen.

Deuteronomium 25,2

Wenn ein Tier am Schabbat durch einen Unfall in eine Lage gerät, in der es Qual erleidet, darf man die Schabbatruhe verletzen, um das Tier aus dieser Lage zu befreien. Denn der Tierschutz ist ein biblisches Gebot und hebt selbst die Schabbatruhe auf.

Babylonischer Talmud, Schabbat 128b

Ebensowenig wie einem Menschen darf man einem Tiere Schmerzen bereiten, man soll es schonen und mit ihm Erbarmen haben.

Mosche Chajim Luzzatto

Tierschutz ist nach der Anschauung des Judentums die dem Wesen und der Eigentümlichkeit der Tiere angemessene Behandlung, welche sie als mit Empfinden begabte, mit ihren Kräften und ihrem Leben dem Menschen unterworfene Geschöpfe zu beanspruchen berechtigt sind.

Abraham Loewenthal

Rat suchen und geben

Meistens gibt jener, der um einen Rat fragt, darauf schon eine Antwort, ohne es zu merken.

Pinchas aus Korez

Höre auf den Rat derer, die dich lieben, auch wenn er in deinen Augen nicht richtig ist.

Sprüche der Soferim

Der Rat in der Hand des Trägen ist wie die Fackel in der Hand des Blinden.

Akedat Jizchak

14. August

Urteile niemals über etwas allein

Urteile niemals über etwas allein, denn allein urteilen darf niemand außer Gott. Und sprich nicht: »Nehmt meine Meinung an!«, denn darüber sollen die anderen entscheiden, nicht du.

Sprüche der Väter 4,10

Auch das beste Pferd braucht einen Zaum, und auch der Klügste soll um Rat fragen.

Menachem Hameiri

Die Richter

Von Jehuda ben Tabbai ist das Wort überliefert: Mache dich als Richter nicht selbst zum Rechtsanwalt. Solange die prozeßführenden Parteien vor dir stehen, sollen sie dir als schuldig gelten. Nachdem sie sich aber von dir verabschiedet haben, sollen sie dir als unschuldig erscheinen, sofern sie ihr Urteil anerkannt haben.

Sprüche der Väter 1,8

Wenn zwei Gelehrte miteinander in Feindschaft leben, dürfen sie nicht zusammen in einem Gerichtskollegium sitzen, denn wegen der zwischen ihnen herrschenden Feindschaft wird der eine dem anderen zu widersprechen versuchen und die Wahrheit nicht fördern.

Schulchan Aruch

Das Richten

Von Schim'on ben Schetach ist das Wort überliefert: Prüfe die Zeugen sehr genau und sei bedachtsam mit deinen eigenen Worten, damit sie nicht aus ihnen lernen zu lügen.

Sprüche der Väter 1,9

Man darf als Richter weder über einen Freund noch über einen Feind ein Urteil fällen.

Babylonischer Talmud, Ketuwot 105b

Ein Richter, der ein gerechtes Urteil fällt, ist gleichsam ein Mitarbeiter Gottes am Schöpfungswerk.

Babylonischer Talmud, Schabbat 10a

Die Ehre deines Mitmenschen sei dir kostbar

Die Ehre deines Mitmenschen sei dir so kostbar wie deine eigene.

Sprüche der Väter 2,15

Hüte dich vor jeder unbefugten Handlung, vor jedem unbefugten Worte, aus denen, wie fern auch immer, deinem Nächsten, auch nur möglicherweise, Schaden entstehen könnte!

Samson Rafael Hirsch

Den meisten haftet Raub an, wenigen Unzucht, und jedem Verleumdung.

Babylonischer Talmud, Baba Batra 165a

Ihr Weisen, gebt acht!

Ihr Weisen, gebt acht auf eure Worte, ... Die Schüler kommender Generationen könnten sie trinken und daran sterben, und dann wäre der Name Gottes entweiht.

Sprüche der Väter 1,11

Wenn ein Buch schlecht ist, kann nichts auf der Welt ihm zum ewigen Bestehen verhelfen; wenn es gut ist, kann kein König es vernichten.

Sprüche der Soferim

Ich habe keine Lehre. Ich zeige nur etwas. Ich zeige Wirklichkeit, ich zeige etwas an der Wirklichkeit, was nicht oder zu wenig gesehen worden ist. Ich nehme ihn, der mir zuhört, an der Hand und führe ihn zum Fenster. Ich stoße das Fenster auf und zeige hinaus. Ich habe keine Lehre, aber ich führe ein Gespräch.

Martin Buber

Wärme dich am Feuer der Weisen

Wärme dich am Feuer der Weisen, nimm dich aber vor ihren Kohlen in acht, damit du dich nicht verbrennst, denn ihr Biß ist wie der Biß eines Fuchses, ihr Stich wie der Stich eines Skorpions und ihr Zischen wie das Zischen von Schlangen. All ihre Worte sind glühende Kohlen.

Sprüche der Väter 2,15

Wer mit seinem Lehrer Streit anfängt, ist wie einer, der mit der Gottheit Streit anfängt.

Babylonischer Talmud, Sanhedrin 100a

Von meinen Lehrern habe ich viel gelernt, von meinen Kamaraden mehr als von den Lehrern, und von meinen Schülern mehr als von allen.

Babylonischer Talmud, Taanit 7a

Eltern und Kinder

Gedenke der Tage der Urzeit, erwäge die Jahre vergangener Geschlechter, frage deinen Vater, daß der dir künde, deine Alten, daß sie dir ansagen.

Deuteronomium 32,7

Die Eltern sollten auch nach ihrem Tod geehrt werden. Ein verdienstvolles Kind kann unwürdige Eltern erlösen, so daß Kind und Eltern gemeinsam im Garten Eden wohnen.

Bechukotai 115b

Der Sohn wird nicht bestraft für die Sünde des Vaters.

Ezechiel 18,20

21. August

Mutter und Vater

Eine Mutter muß ein breites Vortuch haben, um die Fehler der Kinder zu verdecken.

Jüdisches Sprichwort

Auch in der Liebe zu den Kindern soll der Mensch Maß halten. Die Liebe darf nicht zur Verhätschelung des Kindes führen, insbesondere wenn dadurch seine Erziehung und Unterricht leiden.

Sefer Chassidim § 787

Mit deinem ganzen Herzen ehre deinen Vater und deiner Mutter Geburtswehen vergiß nicht.

Sirach 7,27

Erziehung

Welches ist die größte Nachlässigkeit? – Wenn man nicht für seine Kinder sorgt und sie nicht auf alle Weise zu erziehen sucht.

Aristeasbrief 248

Wer seinen Sohn kein Gewerbe erlernen läßt, hat ihn gleichsam zum Räuber erzogen.

Babylonischer Talmud, Qidduschin 29a

Alles Erziehen ist ein Künstlerisches, der Versuch, einem individuell Gegebenen, einer menschlichen Seele die ihr gemäße Form zu schaffen, sie zu bilden, sie zu gestalten. Und alle Religiosität ist ebenso ein Künstlerisches, ein Suchen und Mühen, daß das eigene gegebene Leben geprägt und verwirklicht werde.

Leo Baeck

23. August

Menschen, die nach Gemeinschaft begehren

Die Menschen, die nach Gemeinschaft begehren, begehren nach Gott.

Martin Buber

Sondere dich nicht von der Gemeinde ab, und glaube nicht für dich allein bis zu deinem Todestag.

Sprüche der Väter 2,5

Alle, die im Dienste der Gemeinde stehen, sollen es im Namen Gottes tun. Die Verdienste ihrer Vorgänger kommen ihnen zugute, denn ihre gerechten Taten überdauern die Generationen. Doch Gott sagt: Ich werde es euch anrechnen und mit reichem Lohn vergelten, als hättet ihr es allein vollbracht.

Sprüche der Väter 2,2

24. August

Wer sich mit den Angelegenheiten der Gemeinde abgibt

Wer sich mit den Angelegenheiten der Gemeinde abgibt, ist wie einer, der sich mit der Thora abgibt.

Jerusalemer Talmud, Berachot 5

Ein Mensch wird für die Sünden seiner Familie, seiner Gemeinde, ja sogar der ganzen Menschheit verantwortlich gemacht, wenn er seinen Einfluß nicht genutzt hat, um das Übel zu ändern.

Babylonischer Talmud, Schabbat 54b

25. August

Rabbiner

Du bist ihnen wie das lustige Lied eines trefflichen Sängers und schönen Spielers, und sie hören deine Worte an, aber sie tun nicht danach.

Ezechiel 33,32

Einst sagte Rabbi Naftali: »In meiner Jugend nahm ich mir vor, kein Rabbineramt zu bekleiden. Ein Rabbiner, sagte ich mir, ist häufig gezwungen, den Leuten zu schmeicheln und öfters zu lügen. Ich wollte aber ein ehrlicher Mensch sein. Daher wollte ich irgendein Handwerk ausüben. Als ich aber älter geworden war, erkannte ich, daß auch ein Handwerker seine Kunden belügen muß. Denn das ist die Schwäche des Menschen: zu lügen und zu fälschen. Da sagte ich mir: Wenn ich schon ein Lügner sein muß, dann einer im geweihten Gewand; so werden die Menschen mich ehren und achten.«

Chassidisch

In jedem Zeitalter

In jedem Zeitalter
empfangen wir die Thora und überliefern sie.
In jedem Augenblick
sind wir von der Welt gefragt.
In jedem Zeitalter
sind wir durch unsere Überlieferung herausgefordert.
In jedem Augenblick
sehen wir der Wahrheit ins Auge.
In jedem Zeitalter
ergänzen wir unsere Weisheit zu der früheren.
In jedem Augenblick
wird das wissende Herz mit Wundern erfüllt.
In jedem Zeitalter
sind die Kinder der Thora ihre Gestalter
und versuchen,
die Welt auf der Wahrheit zu begründen.

Rami M. Shapiro

Langes und kurzes Gebet

Einst leitete ein Schüler den öffentlichen Gottesdienst in der Anwesenheit Rabbi Eliësers und zog die Andacht sehr in die Länge. Da beschwerten sich die anderen Schüler bei Rabbi Eliëser und sagten: »Was ist das doch für ein Gebetsverlängerer!« Rabbi Eliëser aber antwortete: »Hat er wirklich länger gebetet als Moses unser Meister, von dem es heißt (Dtn 9,25), daß er vierzig Tage und vierzig Nächte lang gebetet hat?«
Ein anderes Mal leitete ein Schüler den öffentlichen Gottesdienst in der Anwesenheit Rabbi Eliësers und machte den Gottesdienst recht kurz. Da beschwerten sich die anderen Schüler bei Rabbi Eliëser und sagten: »Was ist das doch für ein Gebetsverkürzer!« Rabbi Eliëser aber antwortete: »Hat er wirklich kürzer gebetet als Moses unser Meister, von dem es heißt (Num 12,13), daß er ein Gebet von nur fünf Worten gesprochen hat ›O Gott, heile sie doch!‹?«

Babylonischer Talmud, Berachot 34a

Spenden

Vier verschiedene Gesinnungen gibt es unter denen, die für gemeinnützige Zwecke spenden: * Einige geben gerne, wollen aber nicht, daß auch andere geben – diese sind mißgünstig den anderen gegenüber. * Einige wollen, daß andere geben, geben aber selbst nichts – diese sind mißgünstig sich selbst gegenüber. * Einige geben selbst und wollen, daß auch andere geben – dies sind die Frommen. * Einige geben selbst nichts und wollen auch nicht, daß andere geben – dies sind die Ungerechten.

Sprüche der Väter 5,16

Sei freigebig mit Spenden und Liebeserweisungen und übe Gastfreundschaft, prahl aber mit deiner Wohltätigkeit nicht, sondern übe sie um Gottes willen.

Jakob ben Ascher

Der Geizige

Zu Lebzeiten des Geizigen sind seine Schätze vergraben, und wenn man ihn begräbt – sprießen sie aus der Erde wie Gras.

Sefer ha-Midot

Ein treuer Hund ist der Geizige: Er bewacht das Vermögen seiner Erben.

Josua Steinberg

Laß nicht ab von meiner Thora

Ohne Thora keine Moral; ohne Moral keine Thora. Ohne Weisheit keine Gottesfurcht; ohne Gottesfurcht keine Weisheit. Ohne Wissen keine Einsicht; ohne Einsicht kein Wissen. Ohne Nahrung keine Thora; ohne Thora keine Nahrung.

Sprüche der Väter 3,21

Laßt nicht ab von meiner Thora! Wer nach ihr greift, dem ist sie ein Lebensbaum, wer sie festhält, ist glücklich zu preisen. Ihre Wege sind Wege der Freude, all ihre Pfade führen zum Glück. Gott, bring uns zu dir zurück, dann können wir zu dir zurückkehren.

Aus der jüdischen Liturgie

September

Selbstprüfung
Reue
Umkehr

Wenn ein König seinen Palast verläßt und durch das Land zieht, kann jeder ihm ganz leicht begegnen, aber wenn er in seinem Palast ist, ist es äußerst schwierig, mit ihm ins Gespräch zu kommen. Zuerst muß man auf die Spitze des steilsten Hügels steigen, auf dem der Palast steht. Dann hat man die Wachen am Tor zu überzeugen, daß man ein ernsthaftes Anliegen hat, und dann die Wachen am nächsten Tor und am nächsten und an allen weiteren Toren. Wenn du Kraft hattest für all das, dann kannst du tatsächlich zum innersten Saal gelangen, wo der höchste Richter auf seinem Thron sitzt und Leben und Tod in das Buch einträgt, das vor ihm liegt. Du sollst nun aber wissen, daß Gott zu dir kommt, um dich zu treffen. Sei begierig zu lernen, zeige Reue und tue gute Taten, dann wirst du, wenn du zum Palast gehst, weniger erschrokken sein auf der Reise dorthin und viel vertrauter mit dem Richter.

Chassidisch

Was sind wir?

Was sind wir? Was ist unser Leben?

Babylonischer Talmud, Joma 87b

Wenn ich selbst nicht zu mir stehe, wer dann?
Wenn nur ich selbst zu mir stehe, was bin ich?
Wenn nicht jetzt, wann dann?

Sprüche der Väter 1,14

Ein Weiser sah eines Tages jemanden, der in großer Sorge war. Er fragte: »Machst du dir Sorgen um dein Leben in dieser Welt? Dann möge Gott deine Sorge verkleinern. Oder machst du dir Sorgen um dein Leben in der kommenden Welt? Dann möge Gott deine Sorge vergrößern.«

Orchot Zaddiqim

Die Härte unseres Schicksals kann verwandelt werden

Durch Umkehr, Gebet und gute Taten kann die Härte unseres Schicksals verwandelt werden.

Aus der jüdischen Liturgie

Es ist alles vorhergesehen, doch die Wahlfreiheit bleibt erhalten. Die Welt wird in Güte gerichtet werden; alles wird nach der Mehrheit der Taten entschieden. Alles ist nur als Darlehen gegeben; ein Netz ist über allen Lebewesen ausgespannt. Der Laden ist offen, es wird auf Kredit verkauft, das Buch ist geöffnet und eine Hand schreibt auf. Jeder, der etwas leihen will, soll kommen und es sich leihen. Die Schuldeinforderer aber sind täglich unterwegs und treiben die Bezahlung von den Menschen ein, mit oder ohne deren Einverständnis. Es gibt etwas, das ihr Tun rechtfertigt, denn das Urteil ist ein wahrhaftiges Urteil. Doch für das Mahl ist alles vorbereitet.

Sprüche der Väter 3,19 u. 20

Von Rabbi Ja'akob ist das Wort überliefert: Diese Welt ist ein Vorzimmer zur kommenden Welt. Bereite dich in diesem Vorzimmer vor, damit du den Speisesaal betreten kannst.

Sprüche der Väter 4,21

2. September

Denke an uns, damit wir leben

Denke an uns, damit wir leben, Gott, du liebst das Leben! Schreibe uns in das Buch des Lebens, um deines Namens willen, lebendiger Gott!

Aus der jüdischen Liturgie

Was hier not tut, ist eine Wendung in der ganzen Fragestellung nach dem Sinn des Lebens: Wir müssen lernen und die verzweifelnden Menschen lehren, daß es eigentlich nie und nimmer darauf ankommt, was wir vom Leben noch zu erwarten haben, vielmehr lediglich darauf: was das Leben von uns erwartet! Zünftig philosophisch gesprochen könnte man sagen, daß es hier um eine Art kopernikanische Wende geht, so zwar, daß wir nicht mehr einfach nach dem Sinn des Lebens fragen, sondern daß wir uns selbst als die Befragten erleben, als diejenigen, an die das Leben täglich und stündlich Fragen stellt.

Viktor E. Frankl

3. September

Die Seele ist rein

Ja, alles ist wie nichts vor dir, außer einer reinen Seele.

Aus der jüdischen Liturgie

Mag die Seele von Gott dem Menschen rein gegeben sein, so ist sie nun hineingerissen in den Streit der beiden Triebe seines zweigespaltenen Herzens.

Franz Rosenzweig

Das Leben ist endlich. Wie eine Kerze brennt es, leuchtet es, glänzt es in Wärme und Schönheit. Dann verlöscht es. Seine Kräfte sind verzehrt und es ist nicht mehr.
Im Licht sehen wir. Im Licht werden wir gesehen. Die Flammen tanzen und das Leben wird erfüllt. Doch so wie die Nacht dem Tage folgt, so brennt die Kerze unseres Lebens herunter und flackert. Es gibt ein Ende für die Flammen. Wir sehen nicht mehr und werden nicht mehr gesehen. Dennoch verzweifeln wir nicht, denn wir sind mehr als eine Erinnerung, die langsam in die Dunkelheit hinein verlöscht. Mit unserem Leben geben wir Leben. Etwas von uns kann niemals sterben. Wir bewegen uns im ewigen Kreislauf von Dunkelheit und Tod, von Licht und Leben.

Gates of Prayer

Beuge unseren Willen

Beuge unseren Willen, damit wir dir dienen.

Babylonischer Talmud, Berachot 60b

In der kommenden Welt wird Gott – Gottes Heiligkeit sei gepriesen! – den bösen Trieb holen und ihn vor den Frommen und den Frevlern schlachten. Den Frommen wird er wie ein hoher Berg erscheinen, und den Frevlern wird er wie eine Haarfaser erscheinen. Diese werden weinen und jene werden weinen. Die Frommen werden weinen und sagen: »Wie konnten wir nur solch einen hohen Berg bezwingen!?« Die Frevler werden weinen und sagen: »Wie konnten wir nur solch eine Haarfaser nicht bezwingen!?«

Babylonischer Talmud, Sukka 52a

Binde unser Herz an deine Gebote

Binde unser Herz an deine Gebote. Laß unser Leben von Liebe und von der Achtung vor Gott geprägt sein.

Aus der jüdischen Liturgie

Als Jochanan ben Zakkai auf dem Sterbebett lag, traten seine Schüler bei ihm ein, um ihn zu besuchen. Bevor sie gingen, sprachen sie zu ihm: »Meister, segne uns!« Er erwiderte ihnen: »Möge es Gottes Wille sein, daß die Furcht vor Gott in euch so groß sei wie die Furcht vor einem Menschen aus Fleisch und Blut.« Seine Schüler sprachen zu ihm: »Aber sollten wir Gott nicht mehr fürchten als Menschen?« Er erwiderte ihnen: »Ach, wenn ihr wenigstens das erreichen könntet! Schaut her: Wenn der Mensch eine Sünde begeht, spricht er: Hoffentlich sieht mich jetzt kein Mensch! – Wenn die Furcht vor Gott nicht größer wäre, als das, würde es ausreichen, euch von vielen Sünden fernzuhalten.«

Babylonischer Talmud, Berachot 28b

Laß uns Güte, Liebe und Barmherzigkeit finden

Laß uns Güte, Liebe und Barmherzigkeit finden in deinen Augen und in den Augen aller Menschen, denen wir heute begegnen.

Babylonischer Talmud, Berachot 60b

Wirf deinem Nächsten keinen Fehler vor, den du selber hast.

Raschi

Sünder sind Spiegel. Wenn wir Fehler an ihnen finden, müssen wir feststellen, daß sie nur das Böse in uns selbst widerspiegeln.

Baal Schem Tow

Wir hassen den Kriminellen und gehen streng mit ihm um, denn wir sehen in seiner Tat, wie in einem verzerrenden Spiegel, unsere eigenen kriminellen Instinkte.

Sigmund Freud

7. September

Schreibe uns in das Buch für ein glückliches Leben ein

Unser Vater, unser König, schreibe uns in das Buch für ein glückliches Leben ein.

Aus der jüdischen Liturgie

Beachte folgende drei Dinge, dann wirst du nicht in Sünde fallen: Sei dir dessen bewußt, was über dir ist: ein sehendes Auge und ein hörendes Ohr und ein Buch, in das alle deine Taten aufgeschrieben sind.

Sprüche der Väter 2,1

Die Großtaten unserer Zeit sind unsere Passierscheine für die Ewigkeit.

Paul Nathan

Laß mich angemessen reagieren

Denen gegenüber, die mir Böses wollen, laß mich angemessen reagieren, und meine Seele möge gelassen bleiben, was auch geschieht.

Babylonischer Talmud, Berachot 17a

Rabbi Menachem Mendel von Lubawitsch pflegte Zornausbrüche so lange zu unterdrücken, bis er in den Gesetzen nachgeforscht hatte, ob der Zorn unter diesen speziellen Umständen erlaubt sei. Aber wie groß konnte sein Zorn dann werden, nachdem er nach einer Belegstelle dafür im *Schulchan Aruch* gesucht hatte!

Chassidisch

Du sollst den Namen deines Gottes nicht mißbrauchen

Du sollst den Namen des Ewigen, deines Gottes, nicht mißbrauchen.

Exodus 20,7

In einem Midrasch erfahren wir, daß Kain und Abel miteinander gestritten haben, weil jeder von ihnen den heiligen Tempel auf seinem eigenen Land errichten wollte. Diese Ausrede wurde seitdem immer gebraucht, wenn Blut vergossen wurde oder wenn es zu einem Krieg kam. Die Menschen sagen immer, daß sie für einen heiligen Zweck kämpfen.

Chassidisch

10. September

GOTT, BRING UNS ZU DIR ZURÜCK, …

Gott, bring uns zu dir zurück, dann können wir zu dir zurückkehren. Erneuere unsere Tage, damit sie werden wie früher.

Klagelieder 5,21

Rabbi Sußja von Hanipol sagte: Fünf Bibelverse bringen das Wesentliche des Judentums zum Ausdruck. Diese fünf Verse beginnen im Hebräischen mit den Buchstaben Taw – Schin – Waw – Bet – He, die das Wort Teschuwa »Umkehr« bilden.

ת Ihr sollt ganz und ungeteilt auf der Seite des Ewigen, eures Gottes, stehen. (Dtn 18,13)

ש Ich habe den Ewigen immerzu vor Augen. (Ps 16,8)

ו Und du sollst deinen Nächsten lieben wie dich selbst. (Lev 19,18)

ב Strebe danach, Gott auf all deinen Wegen zu erkennen. (Spr 3,6)

ה Gehe in Bescheidenheit gemeinsam mit deinem Gott. (Micha 6,8)

Sei also entschlossen, in dieser Weise zu handeln, damit deine Umkehr aufrichtig ist.

Chassidisch

11. SEPTEMBER

... DAMIT WIR NIEMALS UNSERE SELBSTACHTUNG VERLIEREN

Damit wir niemals unsere Selbstachtung verlieren, noch je beschämt sein müssen.

Aus der jüdischen Liturgie

In der Nachbarschaft von Rabbi Ze'era lebten einige böse Menschen. Er aber kam ihnen näher, damit sie die Möglichkeit der Umkehr hätten. Seine Kollegen, die anderen Rabbiner, nahmen ihm dies übel. Als Rabbi Ze'era starb, sagten diese Menschen: »Bis jetzt hatten wir Rabbi Ze'era, der um Erbarmen für uns flehte. Wer wird es jetzt tun?« Sie nahmen sich dies zu Herzen und kehrten um.

Babylonischer Talmud, Sanhedrin 37a

Es ist eine zum Himmel schreiende Sünde, wenn man zu einem Menschen, der umgekehrt ist, sagt: »Erinnere dich an die Taten deiner Vergangenheit!« oder wenn man sie in seiner Gegenwart erwähnt, so daß sie ihn verlegen machen, oder wenn man ähnliche Dinge zur Sprache bringt, die an das erinnern, was er tat. Dies alles ist verboten, ebenso wie alle Arten von verletzenden Worten, vor denen die Thora uns warnt, denn es steht geschrieben: »Ihr sollt einander nicht bedrücken« (Lev 19,13).

Moses Maimonides

Du hast uns durch deine Gebote geheiligt

Gepriesen seist du, Ewiger, unser Gott; du regierst die Welt. Du hast uns durch deine Gebote geheiligt.

Aus der jüdischen Liturgie

Eine Geschichte erzählt von einem Menschen, der bei dem *Zaddiq* Rabbi Mardochai von Nadvorna – es sei seiner zum Segen gedacht – studierte. Vor Rosch ha-Schana bat er darum, vom Unterricht befreit zu werden. Der *Zaddiq* fragt ihn: »Warum bist du so in Eile?« Und er antwortete: »Ich bin Vorbeter und muß noch einen Blick in das Gebetbuch für die Festtage werfen, um meine Gebete in eine Ordnung zu bringen.« Der *Zaddiq* sagte zu ihm: »Das Gebetbuch ist dasselbe wie letztes Jahr. Es wäre besser für dich, wenn du einen Blick auf deine Taten wirfst und dich selbst in Ordnung bringst.«

Sch'muël Josef Agnon

Auf dein Wort hin habe ich vergeben

Und Gott sprach: »Auf dein Wort hin habe ich vergeben.«

Numeri 14,29

Was heißt Bereitschaft zur Umkehr? R. Jehuda sagte: Wenn jemand einmal und zweimal Gelegenheit zur Sünde hatte und ihr entgangen ist. R. Jehuda ergänzte: Mit derselben Person, zu derselben Zeit und an demselbem Ort.

Babylonischer Talmud, Joma 86b

In dem Erlebnis von der Versöhnung schließt sich am innigsten zusammen, worin alle jüdische Religiosität lebt: Geheimnis und Gebot, Grund und Weg, Gewißheit der gewährenden göttlichen Liebe und Gewißheit der gebietenden göttlichen Gerechtigkeit. Beides ist hier zu *einem* Seelischen geworden und gibt dem Menschen seine innere Einheit, gibt dem Glauben, der ihn fragt und ihm antwortet, sein Ganzes: das Vertrauen auf Gott mit seinem Besitz und die Ehrfurcht vor Gott mit ihrer Forderung, beides in einem. Die Versöhnung ist Andacht und Aufgabe zu einem geworden.

Leo Baeck

14. September

Es ist uns erlaubt, in der Gemeinschaft der Schuldig-Gewordenen zu beten

Vor dem oberen und dem unteren Gerichtshof, im Namen Gottes und im Namen der Gemeinde ist es uns erlaubt, in der Gemeinschaft der Schuldig-Gewordenen zu beten.

Meïr von Rothenburg

Und so können die Wir, in deren Gemeinschaft der einzelne also … sein sündiges Ich fühlt…, keine engere Gemeinde sein als die eine der Menschheit selbst. Wie das Jahr an diesen Tagen unmittelbar die Ewigkeit vertritt, so Israel an ihnen unmittelbar die Menschheit. »Mit den Sündern« ist sich Israel bewußt zu beten. Und das heißt ja, sei der Ursprung in der dunkeln Formel welcher er wolle: als Ganzes der Menschheit »mit« einem Jeden. Denn jeder ist ein Sünder.

Franz Rosenzweig

Durch deine grosse Liebe, Gott, betrete ich dein Haus

Durch deine große Liebe, Gott, betrete ich dein Haus.

Psalm 5,8

Das Gebet ist kein gelegentlich anzuwendendes Mittel, nicht ein letzter Ausweg dann und wann. Es ist vielmehr ein fester Wohnsitz für das Innerste der Person. Alle Dinge haben eine Heimat: Der Vogel hat sein Nest, der Fuchs seinen Bau und die Bienen ihren Stock. Eine Seele ohne Gebet ist eine Seele ohne Heimat. … Denn was die Seele betrifft: Die Seele ist immer dort zuhause, wo Gebet ist. …

Abraham Joshua Heschel

Und ihr sollt eurem Herzen nicht nachgeben

Und ihr sollt eurem Herzen nicht nachgeben.

Numeri 15,39

Man muß sich Gott auch des Neinsagens fähig vorstellen. Hier liegt vielleicht wirklich der Hauptunterschied zwischen Magie und Gebet. Es liegt im Begriff der Magie, daß sie gelingen muß. Wenn sie keine Resultate aufweist, muß das an der fehlerhaften Ausübung der magischen Riten gelegen haben, und die Magier werden den Ritus vorsichtiger und gewissenhafter wiederholen. Gebet jedoch ist an Gott gerichtet, der seinen eigenen Willen und seine eigenen Gedanken hat. Gott kann vom Menschen nicht manipuliert werden. Gott kann nur angesprochen werden. Gott mag einen bestimmten Wunsch erfüllen oder auch nicht. Es gibt keinen vom Menschen ausgedachten Mechanismus, Gott zu zwingen. Wenn der Mensch sich zu Gott wendet, weiß er, daß »nein« ebensowohl eine göttliche Antwort sein kann wie »ja«.

Jakob J. Petuchowski

Schenk uns Glauben

Gott, müde bin ich. Dennoch ich kaum wag'
die Bitte um Befreiung von der Last.
Du willst's! Ich trage sie den ganzen Tag,
wie du den Weg mir vorgezeichnet hast.

Gott, Angst macht mir der Schatten in der Nacht,
die Dunkelheit, die meinen Weg umhüllt.
Umsonst die Bitt', daß Licht mir länger lacht,
damit mein Auftrag doch noch werd' erfüllt.

Gott, unruhig bin ich. Doch ich will nicht flehn
um Tage voller Glück und voller Freud.
Ich kann um mich die Not der andern sehn,
die sie bedrängt, die Qualen und das Leid.

Gott, sei es so! Ich will dich nicht bedrängen
um Ruhe von der Mühe und den Schmerzen
und daß du wollst die Tage mir verlängen.
Doch ohne Ende bet' ich dies im Herzen:

Gott, allen, die auf deiner Erde gehn',
schenk diesen Glauben, nicht nur mir allein:
du läßt, auch wenn wir es nicht ganz verstehn,
in Liebe alles wohlgeordnet sein.

Gott, schenk uns Glauben,
und in Müh' und Kummer
wird unser Weg von deinem Fried' bewacht.
Wir legen uns in Frieden hin zum Schlummer,
wenn der Tag endet und es kommt die Nacht.

Alice Lucas (Übersetzung: *Gesine Popp*)

Du machst alle Lebewesen nach ihrem Wohlgefallen satt

Du tust deine Hand auf und machst alle Lebewesen nach ihrem Wohlgefallen satt.

Psalm 145,16

Warme Herzen sind immer zu finden, die zeitlebens in heißer Regung eine ganze Welt beglücken möchten, aber noch nie den prosaischen Versuch unternommen haben, auch nur einem Menschen wahrhaft Segen zu bereiten. Es ist leicht, sich an Menschenliebe zu begeistern, sich tränenfeucht in ihr zu ergehen. Irgendeinem, der nichts weiter als eben ein Mensch ist, Gutes zu tun, sein Menschenrecht durch die Tat anzuerkennen, ist schwerer. Wer im Namen seines Menschenrechts vor uns hintritt, fordert damit die bestimmte sittliche Handlung, die nicht ersetzt sein kann durch das bloße allgemeine Wohlwollen … Womit hat sich nicht die bloße Nächstenliebe schon abgefunden!

Leo Baeck

Wo ist der Ort der Gegenwart Gottes?

Wo ist der Ort der Gegenwart Gottes?

Aus der jüdischen Liturgie

Gottes Wohnung

»Wo wohnt Gott? »Mit dieser Frage überraschte der Kozker einige gelehrte Männer, die bei ihm zu Gast waren. Sie lachten über ihn: »Wie redet Ihr! Ist doch die Welt seiner Herrlichkeit voll!« Er aber beantwortete die eigene Frage: »Gott wohnt, wo man ihn einläßt.«

Menachem Mendel von Kozk

Das sind die Menschen, die Gottes Antlitz suchen

Das sind die Menschen, die nach Gott fragen, die dein Antlitz suchen, Gott Jakobs.

Psalm 24,6

Der Verlust

Ich glaube, ich habe etwas verloren,
unterwegs – ich weiß nicht, was.
Soll ich den ganzen Weg zurückgehn?
Schade drum, wenn ich's einfach liegenlaß.

Ich habe irgend etwas verloren,
hatte es irgendeinen Wert?
Ich sollte es einfach vergessen,
denn kurz ist der Tag und groß die Erd'.

Die Bäume werfen schon ihre Schatten.
Mein eigener geht vor mir her.
Mein beunruhigtes Herz schreit: Kehr um!
Mein Verlust beunruhigt mich sehr.

Mitten auf dem Weg bleib ich stehn,
unruhig, vom Zweifel erfaßt.
Ich habe irgend etwas verloren,
ich weiß nicht was, ich weiß nur: daß…

Abraham Reisen

Lass uns von unserem guten Trieb bestimmt sein

In jüngeren Jahren war mir das »Religiöse« die Ausnahme. ... Die »religiöse Erfahrung« war die Erfahrung einer Andersheit, die in den Zusammenhang des Lebens nicht einstand. ... Das »Religiöse« hob einen heraus. Drüben war nun die gewohnte Existenz mit ihren Geschäften, hier aber waltete Entrückung, Erleuchtung, Verzückung, zeitlos, folgelos. ... Die Unrechtmäßigkeit einer solchen Aufteilung ... ist mir durch ein Ereignis des Alltags aufgegangen, ein richtendes Ereignis. ... Eines Vormittags, nach einem Morgen »religiöser« Begeisterung, empfing ich den Besuch eines unbekannten jungen Menschen, ohne mit der Seele dabei zu sein. Ich ließ es durchaus nicht an einem freundlichen Entgegenkommen fehlen, ich behandelte ihn nicht nachlässiger als alle seine Altersgenossen, die mich um diese Tageszeit wie ein Orakel, das mit sich reden läßt, aufzusuchen pflegten, ich unterhielt mich mit ihm aufmerksam und freimütig – und unterließ nur, die Fragen zu erraten, die er nicht stellte. Diese Fragen habe ich später, nicht lange darauf, von einem seiner Freunde – er selber lebte schon nicht mehr – ihrem wesentlichen Gehalt nach erfahren, habe erfahren, daß er nicht beiläufig, sondern schicksalhaft zu mir gekommen war, nicht um Plauderei, sondern um Entscheidung, gerade zu mir, gerade in dieser Stunde. Was erwarten wir, wenn wir verzweifeln und doch noch zu einem Menschen gehen? Wohl eine Gegenwärtigkeit, durch die uns gesagt wird, daß es ihn dennoch gibt, den Sinn.

Martin Buber

22. September

Gott vergibt Verkehrung, Eigensüchtigkeit und Verfehlung

Gott vergibt Verkehrung, Eigensüchtigkeit und Verfehlung.

Exodus 34,7

Im biblischen Hebräisch gibt es drei Hauptbegriffe für »Sünde«: *Päscha*, *Awon* und *Chebt* – Eigensüchtigkeit, Verkehrung und Verfehlung.
Päscha beschreibt den Menschen, der es ablehnt, für sich und seine Taten vor Gott verantwortlich zu sein. Für »gut« hält er alle Handlungen, die ihm gefallen und die seinen Zielen entsprechen, für »böse« alle jene, die ihm mißfallen und seinen Zielen im Wege stehen.
Awon kommt von »verbogen, krumm sein«. Es beschreibt einen Menschen, der davon abgelenkt wird, nach dem Guten zu streben. … Es meint auch jene Verbiegung des menschlichen Charakters, die ihn dazu führt, Böses zu tun, die ihn dazu antreibt, die falsche Richtung einzuschlagen und das Verkehrte zu tun.
Chebt ist der schwächste der drei Begriffe. Er kommt von »etwas versäumen, verfehlen« und beschreibt das Mißlingen, dem guten Weg zu folgen, die Charakterschwäche oder die mangelnde Ausdauer, die einen Menschen davon abhalten, sein Ziel zu erreichen. Schuld liegt sogar bei einer unwissentlichen Sünde vor, wenn man sie bei größerer Sorgfalt hätte vermeiden können.

Louis Jacobs

23. September

Vorurteile und Aberglaube werden ausgerottet werden

Vorurteile und Aberglaube werden ausgerottet werden.

Aus der jüdischen Liturgie

Ich haderte mit meinem Schicksal, weil ich mein Abteil mit einem Deutschen teilen mußte. Es war mir klar, daß er zu jung war, um irgend etwas mit der grauenhaften Vergangenheit zu tun zu haben. Ich haßte ihn wegen seiner Abstammung, und ich schämte mich dafür. Wie konnte gerade ich jemanden nur wegen seiner Abstammung hassen? Als wir uns unterhielten, antwortete ich ihm barsch »Jawohl!« Sobald ich es gesagt hatte, tat es mir leid. Als ich dieses deutsche Wort benutzte, wollte ich ihn demütigen. Dies weckte Schuldgefühle in mir, aber gleichzeitig fragte ich mich auch, warum ich mich verletzt fühlen sollte, nur weil ich diesen Deutschen verletzen wollte. Dann wurde mir bewußt, daß genau dies auch das Argument der SS war: Juden zu verletzen, zu töten war keine Sünde. Es war eine Art Entlausung. Die Gefühle, die ich erlebte, waren nicht meine eigenen Gefühle, sondern ihre. Ich war verwirrt. Ich tat ihm an, was sie mir angetan hatten. Ich verfolgte einen unschuldigen Menschen, dessen einzige Sünde es war, zufällig in Deutschland geboren zu sein.

Eugene Heimler

Darum hoffen wir darauf, daß deine Stärke sichtbar werde

Nackt stehen wir vor dem Schickal. Aber dadurch sind wir nicht nur von manchen bisherigen Hilfsmitteln frei, sondern auch frei von dem Ballast der Vorurteile, Gewohnheiten und Konventionen, die unser Blickfeld verengten. Wir wollen uns der Situation nicht verschließen, und wir wollen uns auch keinem unverpflichtenden Fatalismus hingeben. Aber wir wollen unser Leben lieben, weil, nicht obgleich es sich uns in seiner ganzen elementaren Kraft offenbart hat. Mit solchen Empfindungen bereiten wir uns auf die Hohen Tage unseres Jahres vor. Manches vertraute Gesicht, das wir in den vergangenen Jahren im Tempel sahen, werden wir diesmal vermissen; mancher Platz, der von drei oder vier Generationen der gleichen Familie benutzt worden war, wird verwaist sein. Die Tore vieler Kleinstadtsynagogen werden geschlossen bleiben, und in vielen Ortschaften rechnet man schon nach, ob man den Minjan noch zusammenbringen werde. Doch alle Juden vernehmen in diesen Tagen den Klang der Posaune. Aus den Synagogen dieses Landes, aus den Bethäusern aller Länder des Erdballes, die jüdischen Menschen zur neuen Heimat werden sollen, und auch aus den Kajüten der Überseedampfer entringt sich als Antwort mit nie gehörter Kraft und Innigkeit der Ruf, daß wir eingeschrieben werden mögen in das Buch des Lebens zu einem guten Jahr!

»Der Morgen« 14 (1938), 224 – einer der letzten Artikel, der in einer jüdischen Zeitschrift in Deutschland kurz vor dem Zweiten Weltkrieg veröffentlicht wurde.

Wohltätigkeit rettet vor dem Tod

Wohltätigkeit rettet vor dem Tod.

Sprüche 10,2

Oft nimmt sich ein Mensch in seinem Herzen vor, wohltätig zu sein, aber der böse Trieb in ihm sagt: »Warum willst du etwas spenden und dadurch deinen Besitz verringern? Es wäre besser, du würdest es nicht irgendeinem Fremden geben, sondern deinen Kindern.« Aber der gute Trieb bringt ihn dazu, eine Spende zu geben.

Midrasch Exodus Rabba

Der Rebbe von Leowo sagte: »Wenn jemand zu dir kommt und dich um Unterstützung bittet und du dann zu diesem Menschen sagst: ›Gott wird dir helfen!‹, dann bist du ein untreuer Knecht Gottes. Du solltest begreifen, daß Gott dich gesandt hat, um den Bedürftigen zu helfen, nicht, um sie zu Gott zurückzuschicken.«

Chassidisch

Die Güte erhebt den Menschen so hoch, daß er Gott begegnet. Tue deshalb eine gute Tat, bevor du zu beten beginnst.

Ahai Gaon

Heile uns, Gott, dann sind wir geheilt

Heile uns, Gott, dann sind wir geheilt! Hilf uns, dann ist uns geholfen!

Jeremia 17,14

Gott, reich an Taten,
Gott, groß an Taten,
laß uns Vergebung finden
zur Zeit, da die Tore sich schließen.

Die »kleines Volk« Genannten,
sie heben zu dir ihren Blick,
sie winden sich in ihrem Leid
zur Zeit, da die Tore sich schließen.

Sie schütten ihre Seelen vor dir aus,
tilge ihren Frevel, ihre Lüge.
Laß sie Vergebung finden
zur Zeit, da die Tore sich schließen.

Aus der jüdischen Liturgie

Das große Schofar wird geblasen

Das große Schofar wird geblasen.

Aus der jüdischen Liturgie

Das Blasen des Schofars verleiht dem Weckruf Ausdruck: »Wacht vom Schlaf auf, ihr Schläfer! Erwacht aus dem Tiefschlaf, ihr Eingeschlafenen! Prüft eure Taten und kehrt reumütig um. Erinnert euch daran, wer euch erschuf.«

Moses Maimonides

Der Ton des Schofar… ruft uns alle zu Gott. Er ruft Arme und Reiche zu dem wahren Reichtum; er ruft die, die in der fernsten Ferne wandern, nach Hause.

Samson Raphaël Hirsch

Du sollst das Schofarhorn ertönen lassen. … Und ihr sollt Freiheit verkünden für alle, die im Land wohnen.

Levitikus 25,9f

28. September

Heut' feiern wir den Schöpfungstag der Welt

Heut' feiern wir den Schöpfungstag der Welt.

Aus der jüdischen Liturgie

Es ist unsere Aufgabe, den Ewigen, der alles in seinen Händen hält, zu preisen und die Größe des Schöpfers aller Anfänge anzuerkennen. Gott hat uns aus allen Völkern erwählt, um uns die Thora zu geben. Wir knien nieder und verneigen uns und danken in Gegenwart des allmächtigen Gottes, der über alle Herrschenden in der Welt wacht, in Gegenwart Gottes – Gottes Heiligkeit sei gepriesen! Denn Gott hat den Himmel ausgespannt und die Erde gegründet. Der Ort der Ehre Gottes ist so umfassend wie der Himmel über uns, und die Gegenwart der Kraft Gottes reicht bis in die fernsten Höhen. Der lebendige Gott ist unser Gott – niemand sonst. Dem lebendigen Gott ist unser Leben anvertraut – niemandem außer ihm! So wie es geschrieben ist in der Thora: »Heute sollst du erkennen und dir zu Herzen nehmen: Der Ewige ist der Gott im Himmel droben und auf der Erde unten, niemand sonst« (Dtn 4,39).

Aus der jüdischen Liturgie

Heut' werden alle vor Gericht gestellt

Heut' werden alle vor Gericht gestellt.

Aus der jüdischen Liturgie

Fürwahr, einen jeden richte ich euch, Haus Israel, nach seinen Wegen, ist der Spruch Gottes, des Herrn. Kehret um und wendet euch ab von all euren Missetaten, daß euch nicht ein Vergehen zum Fallstrick werde! Werft von euch all eure Missetaten, durch die ihr mir untreu geworden seid, und schafft euch ein neues Herz und einen neuen Geist! Warum wollt ihr sterben, Haus Israel? Ich habe kein Wohlgefallen am Tode des Todeswürdigen, ist der Spruch Gottes, des Herrn. So wendet euch ab und lebet!

Ezechiel 18,30-32

Du reichst denen, die sich gegen dich auflehnen, deine Hand. Dein rechter Arm ist denen entgegengestreckt, die umkehren. Ewiger, unser Gott, du hast uns gelehrt, alle unsere Verkehrungen in deiner Gegenwart zu bekennen, damit wir aufhören, Gewalt zu üben. Deinen Worten gemäß wirst du unsere vollständige Umkehr annehmen.

Aus der jüdischen Liturgie

Oktober

Sünde
Gottes Urteil
Versöhnung

Alles ist nur als Darlehen gegeben; ein Netz ist über allen Lebewesen ausgespannt. Der Laden ist offen, es wird auf Kredit verkauft, das Buch ist geöffnet und eine Hand schreibt auf. Jeder, der etwas leihen will, soll kommen und es sich leihen. Die Schuldeinforderer aber sind täglich unterwegs und treiben die Bezahlung von den Menschen ein, mit oder ohne deren Einverständnis. Es gibt etwas, das ihr Tun rechtfertigt, denn das Urteil ist ein wahrhaftiges Urteil. Doch für das Mahl ist alles vorbereitet.

Sprüche der Väter 3,20

An diesem Tag wird euch Versöhnung geschaffen, damit ihr rein werdet. Von all euren Verfehlungen vor dem Ewigen werdet ihr rein sein.

Levitikus 16,30

Hast du deinen Lebensunterhalt in Wahrhaftigkeit erworben?

Es ist wahr: Du sprichst Recht und legst die Beweise vor.
Du machst die Tatsachen bekannt und bezeugst sie.
Du schreibst auf und besiegelst. Du berichtest und zählst auf.

Aus der jüdischen Liturgie

Man muß sich sehr in acht nehmen, daß man seinen Nächsten nicht betrügt. Wer seinen Nächsten betrügt, sei es beim Verkauf oder beim Kauf, übertritt ein Verbot, denn es heißt (Lev 25,14): »Wenn du deinem Nächsten etwas verkaufst oder etwas von deinem Nächsten kaufst, dann sollt ihr einander nicht betrügen.« Die erste Frage, die man einem Menschen stellen wird, wenn er zum Gericht geführt wird, ist: »Hast du deinen Lebensunterhalt in Wahrhaftigkeit erworben?«

Kizzur Schulchan Aruch 62, 1

Der böse Trieb

Der böse Trieb kommt nicht auf den Nebenstraßen einher, sondern in der Mitte der Hauptstraße. Wenn er einen Menschen sieht, der schöne Augen macht, sein Haar richtet und einen angeberischen Gang hat, dann weiß er: »Diese Person gehört zu mir«.

Midrasch Genesis Rabba 22,6

Der böse Trieb ist wie einer, der unter den Menschen umherläuft, und seine Hand ist geschlossen, und niemand weiß, was in ihr ist. Und er geht zu jedem und fragt: »Was fasse ich wohl in meiner Hand?« Und jeden dünkt, es sei das in der Hand, was er zu innerst begehrt. Und alle laufen jenem nach. Und dann öffnet er seine Hand, und es ist nichts darin.

Nachman von Braclaw

Der böse Trieb ist erst wie das Spinngewebe, dann aber wie dicke Taue.

Babylonischer Talmud, Sukka 52a

Der böse Trieb erneuert sich jeden Tag

Der böse Trieb des Menschen erneuert sich jeden Tag.

Babylonischer Talmud, Sukka 52a

Anfangs ist der böse Trieb wie ein Vorbeigehender, dann wie ein Gast, und zuletzt Hausherr.

Babylonischer Talmud, Sukka 52a

Unsere Meister lehrten: Einmal gab es an einem Ort eine Wasserschlange und sie schädigte die ganze Schöpfung. Man kam und sagte es Rabbi Chanina ben Dosa. Er sprach zu ihnen: Zeigt mir ihr Schlupfloch. Sie zeigten ihr Schlupfloch, er stellte seine Ferse vor die Öffnung des Schlupflochs. Sie kam heraus und biß ihn, und es starb – die Wasserschlange! Er lud sie auf seine Schulter und brachte sie ins Lehrhaus. Er sagte zu ihnen: Seht, meine Söhne – nicht die Schlange tötet, sondern die Sünde tötet. In jener Stunde sagten sie: Wehe dem Menschen, dem eine Wasserschlange begegnet; aber wehe der Wasserschlange, die Rabbi Chanina ben Dosa begegnet.

Babylonischer Talmud, Berachot 33a

3. Oktober

Wahlfreiheit

Alles ist vorherbestimmt, doch die Wahlfreiheit bleibt erhalten. Die Welt wird in Güte gerichtet werden; alles wird nach der Mehrheit der Taten entschieden.

Sprüche der Väter 3,19

Wer gleiche Sünde zweimal tut, der glaubt,
am Ende, was er tue, sei erlaubt.

Babylonischer Talmud, Joma 86b

Die Seele weiß nichts von einer angeerbten, angeborenen Sündhaftigkeit.

Samson Raphael Hirsch

Alles steht in Gottes Macht, außer der Ehrfurcht vor Gott

Alles steht in Gottes Macht, außer der Ehrfucht vor Gott.

Babylonischer Talmud, Berachot 33b

Rabbi Chanina bar Papa erklärte: Der Engel, der zur Überwachung der Empfängnis bestellt ist, heißt Lailah, hebräisch für »Nacht«. Wenn eine Empfängnis stattfindet, nimmt er den Samentropfen und legt ihn vor den Heiligen, gelobt sei Er, und spricht: »Herr der Welt, was wird das Geschick dieses Tropfens sein? Wird sich daraus ein starker oder ein schwacher Mensch entwickeln? Ein weiser Mensch oder ein törichter Mensch? Ein reicher oder ein armer Mensch?« Das wird alles von Gott entschieden. Nur eine Frage stellt der Engel nicht, und sie wird auch nicht von Gott entschieden: »Wird es ein gerechter oder ein frevelhafter Mensch werden?«

Babylonischer Talmud, Nidda 16b

Nicht die Sünder, die Sünden sollen vergehen

Beruja, Gattin des Rabbi Meïr, sagte: Nicht die Sünder, die Sünden sollen vergehen; so diese aufhören, gibt es auch keine Ruchlosen.

Babylonischer Talmud, Berachot 8a

Niemand ist gnädig gegen uns als Gott und unser Gewissen.

Rahel Varnhagen

Umkehr und gute Werke sind wie ein Schild gegen die göttliche Strafe

Abraham sagte zu Gott: »Wenn du die Welt erhalten willst, gibt es kein gerechtes Urteil. Wenn es ein gerechtes Urteil gibt, kann die Welt nicht erhalten werden. Du kannst das Seil nicht an beiden Enden ziehen. An dem einen Ende ist die Welt, an dem anderen ist das Gericht. Ergreife das eine oder das andere. Wenn du Kompromisse suchst, dann kann die Welt nicht bestehen.«

Midrasch Genesis Rabba 49,9

Von Rabbi Eliëser ben Ja'akow ist das Wort überliefert: Mit jedem Gebot, das ein Mensch erfüllt, erwirbt er sich einen Fürsprecher. Mit jeder Übertretung, die ein Mensch begeht, schafft er sich einen Ankläger. Umkehr und gute Werke sind wie ein Schild gegen die göttliche Strafe.

Sprüche der Väter 4,13

7. Oktober

Wenn dein Leben Hals über Kopf abwärts stürzt

Wenn dein Leben Hals über Kopf abwärts stürzt,
tobend und schäumend wie ein Epileptiker,
dann bete nicht und biete keine Reue an,
dann habe keine Angst vor Gefängnis und Ruin.

Besinne dich auf deine Vergangenheit,
werte deine Tage aus ohne Überheblichkeit,
zermalme die letzten Reste der Illusionen unter deinen Füßen,
aber öffne dich allem, was hell ist und klar.

Ergib dich nicht der Ohnmacht und Bitterkeit,
überlaß dich nicht dem Unglauben und den Lügen,
nicht jeder ist ein kriecherischer Hund,
nicht jeder ein Fanatiker, der denunziert.

Und während du auf den fremden Wegen gehst
in Länder, die auf deinen Landkarten
nicht erscheinen,
dann zähle die Namen all deiner Freundinnen und Freunde
so, wie du es mit Perlen oder Gebetsperlen tätest.

Sei auf der Hut, heiter und wild,
und du wirst es schaffen, aufzustehen, ja, steh auf
unter den vielschichtigen Lasten des Elends
und unter der Last deines Lebensrechts.

Yuli Daniel, verfaßt in einem russischen Arbeitslager

Du gibst mir all das, was ich zum Leben brauche

Du gibst mir all das, was ich zum Leben brauche.

Babylonischer Talmud, Berachot 60b

Die Seele, die sich an überflüssige Dinge gewöhnt hat, entwickelt die starke Gewohnheit, weitere Dinge zu begehren, die weder für die Erhaltung des einzelnen noch für die Erhaltung der Gesellschaft notwendig sind. Dieses Begehren ist endlos. Demgegenüber sind die Dinge, die notwendig sind, nur wenige, und sie halten sich in bestimmten Grenzen. Präge dir dies ein und bedenke es immer und immer wieder: Das, was überflüssig ist, ist endlos und von daher ist auch das Verlangen danach endlos. Wenn du zum Beispiel gerne silbernes Geschirr hättest, wirst du merken, daß goldenes besser wäre. Andere haben sogar Geschirr, das mit Saphir verziert ist, mit Smaragd oder mit Rubinstein. Wer die Wahrheit nicht kennt, daß das Verlangen nach überflüssigen Dingen ohne Ende ist, ist deshalb ständig in Unruhe und Sorge. Dadurch treten solchen Menschen die Folgen ihrer Lebensweise vor Augen, aber dann beschweren sie sich über das göttliche Gericht. Sie gehen soweit zu sagen, Gottes Macht sei unzulänglich, denn Gott habe dieser Welt Besitztümer gegeben, die, ihrer Vorstellung nach, diese Übel hervorbringen.

Moses Maimonides

Wer könnte bestehen?

Wenn du, Gott, auf unsere Verkehrungen achten würdest, Gott, wer könnte dann bestehen?«

Psalm 130,3

Wenn jemand denkt: »Ich werde sündigen und dann umkehren, wieder sündigen und dann umkehren«, dann wird es ihm nicht glücken, umzukehren.

Mischna, Joma 8,9

Ein Mensch, der in seinem Tun alle Bedingungen der Umkehr erfüllt und seine Leidenschaft durch die Vernunft überwindet, immerwährend mit seinem Gewissen Abrechnung hält, seinen Schöpfer ehrfürchtet, sich vor ihm schämt, sich stets die Schwere seiner Schuld und Sünde vergegenwärtigt, die Größe desjenigen erkennt, dem er sich widersetzt und dessen Wort er übertreten hat, unausgesetzt Reue darüber empfindet und während seines ganzen Lebens, bis zum Herannahen seines Endes, dessen Vergebung erfleht, – dieser wird vom Schöpfer für würdig befunden, gerettet zu werden.

Bachja ibn Pakuda

Zeige einen Tag vor deinem Tod Reue

Zeige einen Tag vor deinem Tod Reue.

Sprüche der Väter 2,15

Rabbi Eliëser sagte: Tue Buße einen Tag vor deinem Tode. Die Schüler sprachen zu Rabbi Eliëser: Weiß denn der Mensch, an welchem Tage er sterben wird? Dieser erwiderte: Um so mehr muß er heute Buße tun, vielleicht stirbt er morgen; es ergibt sich also, daß er alle seine Tage in Buße verbringt. So hat auch Salomo in seiner Weisheit gesagt: »Zu jeder Zeit mögen deine Kleider weiß sein, und deinem Haupte mangele es nie an Öl« (Koh 9,8).

Babylonischer Talmud, Schabbat 153a

Der erste Schritt zur Umkehr

Die Verteidiger des Menschen: Seine Reue und seine guten Taten.

Babylonischer Talmud, Schabbat 32a

Der erste Schritt zur Umkehr, der der wesentlichste, gleichzeitig aber auch der schwerste ist, ist das Bekenntnis oder vielmehr das Eingeständnis vor sich selbst, daß man gesündigt hat. Nicht Gott braucht dieses Geständnis oder Bekenntnis, denn Gott kennt uns ganz und gar und tatsächlich sogar viel besser, als wir uns selbst kennen. Aber wir selber haben das ehrliche und offene Bekenntnis nötig. Wir müssen es uns selbst eingestehen, daß wir falsch gehandelt haben.

Samson Raphaël Hirsch

ICH WEIß, MEINE SÜNDEN SIND ZU VIELE

Rabbi Bunam sprach zu seinem Chassidim: »Die große Schuld des Menschen sind nicht die Sünden, die er begeht – die Versuchung ist mächtig und seine Kraft gering! Die große Schuld des Menschen ist, daß er in jedem Augenblick die Umkehr tun kann und nicht tut.«

Chassidisch

Mein Gott, ich weiß, meine Sünden sind zu viele, als daß ich sie zählen könnte, und meine Vergehen zu zahlreich, um sie zu benennen. Was ich von ihnen erwähne und bekenne, ist wie ein Tropfen im Meer, doch vielleicht kann ich so das Brausen ihrer Wellen und ihrer Fluten stillen, und du, Gott, wirst hören und vergeben. …

Salomo ibn Gabirol

Laß mich durch eine vollständige Umkehr zu dir zurückkehren

Wende dich mir mit Erbarmen wieder zu und laß mich durch eine vollständige Umkehr wieder zu dir zurückkehren. … Sei mit meinen Worten und Gedanken. Bewahre meine Zunge vor Sünde. Denke an mich mit Gnade und Barmherzigkeit. Führe mich auf Wegen der Gerechtigkeit um deines großen Namens willen. …

Salomo ibn Gabirol

Ein *Chassid* verklagte vor Rabbi Wolf einige Leute, daß sie ihre Nächte beim Kartenspiel zu Tagen machten. »Das ist gut«, sagte der *Zaddik*. »Wie alle Menschen wollen auch sie Gott dienen und wissen nicht, wie. Aber nun lernen sie sich wach halten und bei einem Werk ausharren. Wenn sie darin die Vollendung erlangen, brauchen sie nur noch umzukehren – und was für Gottesdiener werden sie dann geben?«

Chassidisch

Rufe uns immer wieder deine Weisung ins Gedächtnis

Quelle allen Erbarmens, rufe uns immer wieder deine Weisung ins Gedächtnis. Ursprung aller Stärke, nimm uns in deinen Dienst. Laß uns durch eine vollständige Umkehr zu dir zurückkehren. Gepriesen seist du, Gott. Dir gefällt es, wenn Menschen zu dir umkehren.

Aus der jüdischen Liturgie

Der Rabbi von Lubawitsch sagte: »Der schlimmste Stolz ist der religiöse Stolz.«

Chassidisch

Eine Stunde mit Umkehr und guten Werken

Eine Stunde mit Umkehr und guten Werken in dieser Welt ist besser als ein ganzes Leben in der kommenden Welt. Und eine Stunde der Zufriedenheit in der kommenden Welt ist besser, als ein ganzes Leben in dieser Welt.

Sprüche der Väter 4,22

Wer *eine* Sünde begeht und sich ihrer schämt, dem sind *alle* Sünden vergeben.

Babylonischer Talmud, Berachot 12b

Kümmere dich um deine Seele

Kümmere dich um deine eigene Seele und um den Körper deines Nächsten, nicht um deinen eigenen Körper und die Seele eines anderen.

Menachem Mendel von Kozk

Rabbi Eisig besuchte einen reich gewordenen Juden, der sein eigenes Schicksal schnell vergessen hatte und hartherzig gegenüber den Armen geworden war. Ihm sagte Rabbi Eisig: »Schau durch das Fenster auf die Gasse hinaus und sage mir, was du siehst.« Der Mann tat es und antwortete: »Ich sehe Leute hin und her gehen.« Da nahm Rabbi Eisig einen Spiegel aus der Tasche und hielt ihn dem Mann vor die Augen: »Nun schaue in den Spiegel und sage mir, was du jetzt siehst.« Der andere sah in den Spiegel und erwiderte: »Ich sehe mich selbst.« Da fragte Rabbi Eisig: »Andere Leute siehst du nicht? Bedenke, die Fenster und der Spiegel sind beide aus Glas. Weil aber der Spiegel eine goldene Rückseite hat, siehst du nur dich allein, durch das nicht bedeckte Fensterglas hingegen auch andere Leute. ... Als du arm warst, da hast du auch andere Leute gesehen und für sie Mitleid empfunden, seit du aber reich bist, siehst du niemand mehr als dich allein.«

Chassidisch

Denke über deine Taten nach!

Wach auf und denke über deine Taten nach. Verwechsle die Schatten nicht mit der Wirklichkeit und verschwende dein Leben nicht durch das Jagen nach vergänglichen Dingen, die dir nicht helfen können.

Moses Maimonides

Jeder von uns ist teilweise verantwortlich für das Böse um uns herum, wenn wir dabei versagen, uns mit unseren eigenen inneren Dunkelheiten auseinanderzusetzen.

Molly Tuby

Kehre um in der Gesinnung, mit Worten und durch die Tat

Wie eine Sünde in der Gesinnung oder in Worten oder in der Tat oder in allen zugleich begangen werden kann, so muß auch die Umkehr in diesen drei Dingen geschehen: in der Gesinnung – durch Reue; in Worten – durch Sündenbekenntnis; in der Tat – indem man sich nicht begnügt, die Sünde zu unterlassen, sondern der früheren Handlungsweise entgegengesetzte Taten übt.

Josef Albo

Wie der Mensch durch *seine* Schuld von Gott sich getrennt hat, so muß er sich ihm wieder durch *seine* sittliche Tat nähern. Und wenn die Seele noch so sehr mit Sünde belastet ist, es bleibt ihr die volle Freiheit und Fähigkeit zu besserem Tun. Die sittliche Erneuerung muß aus eigener Kraft erwachsen.

Max Dienemann

Wenn ein Mensch sich selbst nicht richtet

Wenn ein Mensch sich selbst nicht richtet,
richten ihn alle Dinge,
und alle Dinge werden die Boten Gottes.

Nachman von Braclaw

Wenn ein Mensch zu seinem endgültigen Urteil geführt wird, wird er gefragt: Bist du aufrichtig gewesen? Hast du dir Zeit zum Lernen genommen? Hast du nach Weisheit gesucht?

Babylonischer Talmud, Schabbat 31a

20. Oktober

Nach der Mehrheit

Die Welt wird nach der Mehrheit ihrer Menschen beurteilt und der einzelne Mensch nach der Mehrheit seiner Taten. Glücklich ist der Mensch, der eine gute Tat tut. Er hat für sich und für die ganze Welt die Waagschale der Verdienste zum Überwiegen gebracht.

Babylonischer Talmud, Qidduschin 40b

Zehn schlechte Juden können genügen, uns zu verdammen, zehn gute Juden, uns zu retten. Zu welchem Minjan willst du gehören?

Claude G. Montefiore

Ich bin Israel zum Vater geworden

Ein Gleichnis erzählt von einem Königssohn, der sich eine Hundert-Tage-Reise von seinem Vater entfernt hatte. Seine Freunde sagten zu ihm: »Kehre um zu deinem Vater!« Er antwortete ihnen: »Ich schaffe es nicht mehr.« Da sandte sein Vater zu ihm und ließ ihm ausrichten: »Gehe soweit zurück, wie du kannst, wie es deinen Kräften entspricht, ich werde dir den Rest des Weges entgegenkommen.« So sagt Gott – Gottes Heiligkeit sei gepriesen! – zu Israel: »Kehrt zu mir um, dann will ich zu euch zurückkehren!« (Mal 3,7).

Midrasch Pesikta Rabbati 44

Ich bin Israel zum Vater geworden, und Efraim ist mein Erstgeborener. ... Ist mir nicht ein teurer Sohn Efraim oder ein Kind der Liebkosung, daß, so oft ich von ihm rede, ich seiner wieder gedenke? Darum ist mein Inneres für ihn rege; erbarmen will ich mich sein, ist der Spruch des Ewigen.

Jeremia 31,9.20

Meine Kinder, öffnet mir euer Herz!

Gott spricht zu seinem Volke: Meine Kinder, öffnet mir euer Herz nur ein wenig und zeiget eine kleine Regung von Umkehr, so öffne ich euch das Tor zu mir, weit und breit, daß alles eintreten kann.

Midrasch Hoheslied 5,2

Stets ängstige sich der Mensch vor seinen Sünden und kehre zum Heiligen, gelobt sei Er, reuevoll zurück und bitte von ihm Vergebung und Versöhnung.

Midrasch Bet Le-olam III

Der erste Schritt zur Besserung

Solange du dich selber täuschest über deine Sünde, – solange du nicht anerkennen willst, du habest gesündigt – solange noch eine begütigende, beschönigende Stimme für dein Unrecht in deinem Innern tönt, – solange du nicht klar und wahr dich siehst wie du bist, siehest die Sünde und ihre Folgen, die schon über dich gekommen, die nach strengem Recht du noch zu erwarten hättest, – solange hast du noch nicht den ersten Schritt zur Besserung getan.

Samson Rafael Hirsch

Bloßes Wissen um die Wahrheit reicht nicht aus. Im Gegenteil, dieses Wissen muß kontinuierlich durch pausenlose Mühe erneuert werden. Geschieht dies nicht, geht es verloren. Es gleicht einer Marmorstatue in der Wüste, die fortwährend durch den aufwirbelnden Sand vom Verfall bedroht ist. Fleißige Hände müssen stets am Werk sein, damit der Marmor auch weiterhin auf Dauer in der Sonne glänzt.

Albert Einstein

24. Oktober

Die Bedürfnisse anderer sehen

Ist nicht dies das Fasten, das ich liebe … : mit dem Hungrigen das Brot zu brechen und die Heimatlosen in dein Zuhause zu bringen?

Jesaja 58,6 u. 7

Es werden vier Hauptgründe für das Fasten genannt: Fasten als Buße. … Fasten als Selbstdisziplin. … Fasten als Mittel, die Gedanken auf das Geistliche zu konzentrieren. … Fasten als Mittel, Mitgefühl zu wecken. Wenn wir erfahren, was es bedeutet, hungrig zu sein, und sei es auch nur für einen Tag, ergreifen unsere Herzen Partei für die, die leiden. Durch das Fasten werden wir angeregt, über die Bedürfnisse anderer nachzudenken und ihr Leiden zu mindern.

Louis Jacobs

Den Weg zu Gott finden

Mancher Mensch muß mit Fasten beginnen und immer wieder beginnen, weil ihm eigentümlich ist, daß er erst durch eine Askese zur Befreiung von der Versklavung unter die Welt, zur tiefsten Selbstbesinnung und von da auch zur Bindung an das Absolute kommen kann. Aber nie darf diese Askese die Herrschaft über das Leben des Menschen beanspruchen. Der Mensch soll sich von der Natur nur entfernen, um erneut zu ihr zurückzukehren und durch den geheiligten Kontakt mit ihr den Weg zu Gott zu finden.

Martin Buber

Bin ich meinen Brüdern fremde,
Meiner Mutter Söhne unbekannt.
Eifer für dein Haus hat mich verzehrt;
Deiner Lästrer Schmähen fiel auf mich.
Ich verwein', im Fasten, meine Seele;
Man höhnet mein dazu.
Ich kleide mich in Trauerkleidern;
Auch das wird ihnen Spottgedicht.
Wer am Tor sitzt, schwatzt von mir,
Die Trinker singen auf mich Lieder.
Ich aber bete Herr zu dir, zur Gnadenzeit;
Gott! Nach deiner grenzenlosen Güte
Erhöre mich mit deiner treuen Hilfe!

Psalm 69, 9-14

Der böse Trieb lüstet nur nach Verbotenem

Der böse Trieb im Menschen lüstet nur nach Verbotenem. An einem Versöhnungstag, an dem Essen und Trinken streng verboten sind, stattete Rabbi Mana dem Rabbi Chaggai, der krank war, einen Besuch ab. Da sagte Rabbi Chaggai: »Ich habe großen Durst.« Rabbi Mana sprach: »Du darfst trinken.« Nach einer Stunde kam Rabbi Mana wieder und fragte Rabbi Chaggai: »Wie steht es um deinen Durst?« Da antwortete Rabbi Chaggai: »Sowie du mir das Trinken erlaubt hast, verschwand der Durst.«

Jerusalemer Talmud, Joma 6,4 (43d)

Die Schlange war listiger als alle Tiere des Feldes, welche das ewige Wesen, Gott, gemacht hatte. Sie sprach zur Frau: Hat auch Gott wohl gesagt, ihr sollt von allerlei Baum des Gartens nicht essen? Die Frau sprach zur Schlange: »Von der Frucht jedes Baumes im Garten dürfen wir essen, nur von der Frucht dieses Baum, welcher in der Mitte des Gartens steht, hat Gott gesprochen, eßt nicht von ihm und rühret ihn nicht an, ihr werdet sterben. Da sprach die Schlange zur Frau: »Ihr werdet davon nicht sterben, sondern Gott weiß, sobald ihr davon eßt, so gehen euch die Augen auf und ihr werdet wie göttliche Wesen, erkennt Gutes und Böses.«

Genesis 3,1-5

Wenn du betest

Wenn du betest, laß dein Gebet keine reine Formsache sein, sondern ein Ausdruck deiner Empfindungen und deiner Bitten zu Gott, denn es ist gesagt (Joel 2,13): »Denn Gott ist gnädig und barmherzig, geduldig und von großer Güte und das Unheil gereut ihn«. Halte dich niemals selbst für ungerecht.

Sprüche der Väter 2,18

In der Religion des Judentums bedarf es nicht der Vermittlung besonderer Personen, ein jeder sei selbst sein Priester, selbst sein Mittler zu Gott.

Abraham Geiger

Aus der Tiefe ruf ich, Gott, zu dir: Ach Herr, erhöre meine Stimme! Laß deine Ohren merken auf mein insbrünstiges Flehn. So du Sünden willst zurechnen, Herr, wer kann bestehn? Allein Vergebung steht bei dir, auf daß man dich ehrfürchte. So hoff' ich denn zum Herrn; es hoffet meine Seele, getrost auf seine Verheißung, erwartet sehnlicher den Herrn, als Wachende den Morgen, den Morgen Wachende erwarten. Ach Israel, vertrau auf den Herrn! Denn bei dem Herrn ist Güte und der Erlösung viel bei ihm. Er wird erlösen Israel von seiner Sünden Schuld.

Psalm 130

28. Oktober

Vier Arten von Gewächsen, vier Sorten von Menschen

Wie eine Zitrusfrucht sowohl Geschmack hat als auch einen lieblichen Geruch, so gibt es in Israel Menschen, die sowohl gelehrt sind als auch ihren Glauben leben.
Wie die Früchte des Palmzweigs zwar Geschmack haben, aber geruchlos sind, so gibt es in Israel Menschen, die zwar gelehrt sind, aber ihren Glauben nicht leben.
Wie Myrtenzweige zwar einen lieblichen Geruch haben, aber ungenießbar sind, so gibt es Menschen, die gute Werke tun, aber keinerlei Gelehrsamkeit besitzen.
Wie Weidenzweige weder eßbar sind noch einen angenehmen Geruch verbreiten, so gibt es Menschen, die weder gelehrt sind noch gute Werke tun.
Gott, die Heiligkeit Gottes sei gepriesen, sagt: Damit Israel nicht untergeht, laßt sie alle zusammengebunden sein, wie die Pflanzen zu einem Bund zusammengebunden sind, so daß die Gerechten unter ihnen für die anderen Sühne bewirken.

Midrasch Pesikta Rabbati 51,2

Juden und Nichtjuden

Ein gewisser Nichtjude fragte Rabbi Josua: »Ihr habt Feiertage, und wir haben Feiertage. Wenn ihr euch freut, freuen wir uns nicht; und wenn wir uns freuen, freut ihr euch nicht. Wann freuen wir uns denn zusammen?« Rabbi Josua antwortete: »Wenn der Regen fällt«.
Wie ist das aus der Heiligen Schrift zu beweisen? Aus Psalm 65,14: »Es kleiden sich die Fluren mit Schafen, und die Täler hüllen sich in Getreide. Man jauchzet und singt.« Und gleich danach Psalm 66,1 heißt es: »Jauchzet Gott, alle Lande!« Es heißt dort *nicht*: »Jauchzet Gott, ihr Priester, Leviten oder Israeliten«, sondern: »Jauchzet Gott, alle Lande!«

Midrasch Genesis Rabba 13,6

Unser Dialog mit dem Christentum sollte ein Weg gegenseitigen Verstehens sein. Er muß sich auf einem starken Gefühl von Sicherheit und gegenseitigem Vertrauen gründen. Wenn das Christentum von Juden verstanden werden soll und wenn wir am Dialog mit Christen teilhaben wollen, muß dies auf Wegen geschehen, die dem Judentum entsprechen zusätzlich zu den Wegen der Geschichte, zu Bibelstudium und Philosophie. Die Kenntnis der Rechtstraditionen und der Mystik des Christentums könnte uns näher zusammenführen. Das Christentum kann nicht ignoriert, es muß verstanden werden.

Walter Jacob

Gottes Wille für diese Stunde

Die Religionen müssen mit aller Kraft darauf horchen, was Gottes Wille für diese Stunde ist, sie müssen von der Offenbarung aus die aktuellen Probleme zu bewältigen suchen, die der Widerspruch zwischen dem Willen Gottes und der gegenwärtigen Wirklichkeit der Welt ihnen stellt. Dann werden sie, wie in der gemeinsamen Erwartung der Erlösung, so in der Sorge um die noch unerlöste Welt von heute verbunden sein.

Martin Buber

Lobt den Herrn, ihr Völker alle.
Rühmt ihn, alle Nationen!
Seine Güte waltet über uns,
Seine Treu' in Ewigkeit.
Halleluja.

Psalm 117

31. Oktober

November

Vergänglichkeit
Sterben und Tod
Identität

Eitelkeit der Eitelkeiten! sprach Kohelet, Eitelkeit der Eitelkeiten, alles ist eitel.

Kohelet 1,2

Herr, unser Zufluchtsort warst du von Menschenalter zu Menschenalter. … Ach, lehre uns unsere Tage zu zählen, damit unser Herz weise wird.

Psalm 90,1 u. 11

»Du sollst … ›Israel‹ heißen ›der mit Gott rang‹, denn mit Gott und den Menschen hast du gerungen und hast dich durchsetzen können.«

Genesis 32,29

Was ist unser Leben?

Ursprung aller menschlichen Stärke und Macht, dem allein unsere Ehre gebührt, »nicht im Vertrauen auf unsere gerechten Taten legen wir dir unsere Bitten vor, sondern im Vertrauen auf dein großes Erbarmen. Gott, höre! Gott, verzeih! Gott, vernimm unser Gebet und handle!« (Dan 9,18f) Was sind wir? Was ist unser Leben? Was ist unsere Liebe? Was ist unsere Gerechtigkeit? Was sind unsere Erfolge? Was ist unsere Kraft? Was ist unsere Macht? Ewiger, unser Gott und Gott unserer Vorfahren, was könnten wir in deiner Gegenwart sagen? Ist nicht unsere Kraft wie nichts vor dir? Und sind nicht ruhmreiche Menschen so, als wären sie nie gewesen? Sind nicht Kluge vor dir wie solche ohne Wissen, und Intelligente wie solche ohne Einsicht? Ja, die meisten unserer Werke sind vor dir wie Nichtigkeiten, und die Tage unseres Lebens sind wie nichts vor dir. Sogar »der Vorrang des Menschen vor den Tieren wird bedeutungslos« (Koh 3,19). Ja, alles ist wie nichts vor dir – außer einer reinen Seele. Denn diese wird eines Tages in ihrer Verantwortlichkeit ernst genommen werden vor dem Thron deiner Herrlichkeit.

Aus der jüdischen Liturgie

Eitelkeit der Eitelkeit!

»O Eitelkeit der Eitelkeit!« Gerufen
Hat dies der weise König siebenmal.
Sie zielen auf des Lebens sieben Stufen,
Die aufwärts steigen nach der Jahre Zahl.
Geboren wird der Mensch umkost, geküßt;
Zweijährig ist er Schwein im Kot der Erde;
Zu zehn ein hüpfend Reh im Spielgelüst;
Zu zwanzig gleich dem zügellosen Pferde;
Vermählt ein Esel, sorgenschwer bedrückt;
Als Vater nahrungshaschend gleich dem Hunde;
Im Alter wird er Affe, geht gebückt.
Doch Weisheit adelt ihn zu jeder Stunde.

Zu Kohelet 1-2

Aus Staub wurde der Mensch geschaffen

Aus Staub wurde der Mensch geschaffen und zum Staub kehrt er wieder zurück. Die Tage seines Lebens verbringt er mit der Sorge um sein Brot.
Er gleicht einem Tongefäß, das leicht zerbricht.
Er ist wie das Gras, das schnell verdorrt,
wie eine Blume, die bald verwelkt,
ein Schatten, der vorübergeht,
eine Wolke, die schwindet,
verwehender Wind,
Staub in der Luft,
fliehender
Traum.

Aus der jüdischen Liturgie

Der Hoffnung zur Unsterblichkeit beraubt, ist der Mensch, dieses Wundergeschöpf, das elendste Tier auf Erden.

Moses Mendelssohn

Der menschliche Geist kann mit dem Körper nicht absolut zerstört werden, sondern es bleibt von ihm etwas übrig, was ewig ist.

Baruch Spinoza

Leben und Tod sind Geschwister

Als Rabbi Bunam im Sterben lag, weinte seine Frau. Er sprach: »Was weinst du? All mein Leben war ja nur dazu, daß ich sterben lerne.«

Chassidisch

Was das Leben nicht vollbrachte, schafft auch das Sterben nicht.

Martin Buber

Ach, meine Seele, richte deine Aufmerksamkeit auf die Straße, auf den Weg, den du gegangen bist. Denn alles ist aus Staub entstanden und alles wird zum Staub zurückkehren. Alles, was geschaffen und gestaltet wurde, hat ein Ende und ein Ziel und kehrt zu dem Stoff zurück, aus dem es gemacht wurde. Leben und Tod sind Geschwister, die zusammen wohnen. Sie hängen aneinander und können nicht getrennt werden. Sie sind miteinander verbunden als Anfang und Ende eines Weges, den alle Geschöpfe gehen. Das Leben ist der Eingang und der Tod ist der Ausgang. Das Leben schafft, der Tod zerstört. Das Leben sät, der Tod erntet. Das Leben pflanzt, der Tod reißt heraus. Das Leben verbindet, der Tod trennt. Das Leben bindet zusammen, der Tod zerstreut.

Bachja ibn Pakuda

Isaak wurde (nicht) geopfert

Ward er's wirklich nicht?
Was dort des Kindes Augen – schreckgeweitet –
Einmal gesehen – glaubst du – vergißt sich das?!
Die Hand – des Vaters Hand –,
die schamhaft zärtlich
Sonst bebend über Fieberwangen strich.
Der Arm, der sonst umschlang und an sich preßte,
Als wäre Nähe noch nicht nah genug!
Dies Auge – nichts als Sehnsucht, Sorge, Segnen –
Dies ganze Antlitz – früher Kindheit, Heimat,
Wohin Erinnerung müdenttäuschten Alters
Noch, wie auf eine selige Insel, flieht...
Und nun dies alles: Hand, Arm, Auge, Antlitz –
Verwandelt, gottestoll, sein Selbst vergessend,
Blind, taub – ein einziger Aufschrei nur mehr:
»MORD«!
(Erschaudernd)
Wem Gott – als Kind – Vertrauen so zertrat –
Wo darf der trauen noch und sicher fühlen?!

Richard Beer-Hoffmann

Jeder Mensch hat einen Namen

Jeder Mensch hat einen Namen,
den Gott ihm gegeben,
den Vater und Mutter ihm gaben.
Jeder Mensch hat einen Namen,
den seine Gestalt und sein Lächeln ihm geben,
und den seine Kleidung ihm gibt.
Jeder Mensch hat einen Namen,
den das Gebirge ihm gibt,
und die Wände, in denen er lebt.
Jeder Mensch hat einen Namen,
den die Sterne ihm geben,
den seine Nachbarn für ihn haben.
Jeder Mensch hat einen Namen,
den seine Sünde ihm gibt
und die Sehnsucht, die sein Leben prägt.
Jeder Mensch hat einen Namen,
den seine Feinde ihm geben,
und den seine Liebe ihm gibt.
Jeder Mensch hat einen Namen,
den seine Feste ihm geben,
den seine Arbeit ihm gibt.
Jeder Mensch hat einen Namen,
den der Kreislauf des Jahres
und den seine Blindheit ihm gibt.
Jeder Mensch hat einen Namen,
vom Meer ihm gegeben
und von seinem
Tod.

Zelda Mischkovsky

Der Mensch verläßt die Welt mit offenen Händen

Der Mensch kommt zur Welt mit geschlossenen Händen, als wollte er sagen: Die ganze Welt ist mein. Und er verläßt die Welt mit offenen Händen, als wollte er sagen: ich habe von dieser Welt nichts mitgenommen.

Midrasch Kohelet Rabba zu Koh 7

Wir leben rastlos und vermischen ewig Bleibendes mit dem, was vergeht. … Wir kämpfen für Ziele, die wir nie erreichen werden, und nur durch den Tod werden diese Kämpfe beendet. Wie Kinder, die über ihren Spielsachen einschlafen, lockern wir den Griff, mit dem wir unseren Besitz festhalten, und der Tod überwältigt uns.

Aus der jüdischen Liturgie

Wir deutschen Juden (1934)

Wir deutschen Juden stehen auf Hiobsposten, wir schließen unsere Ohren vor dem Lockruf der Welt, wir verzichten darauf, »klug« zu sein, weil es um die Wahrheit geht. Wir wissen, daß man mit der Wahrheit untergehen kann. Auch Hiob wußte sich zuletzt bedingungslos ausgeliefert, daß er keinen Rechtsanspruch auf göttliche Gnadenbehandlung mehr stellen konnte. Wenn er trotzdem noch 140 Jahre in Frieden im Lande Uz lebte, so war das eben wirklich ein unvorhergesehenes und nicht vorausberechnetes Gnadenwunder. Auch wir dürfen keine Berechnungen anstellen, ob unser Los sich wandeln und zum Guten kehren wird. Wir wissen das nicht. Wir warten und wir tragen durch, wir bewahren und wir halten aus. Wenn wir untergehen, dann gehen wir unter, dann geht mit uns aber auch ein Stück Wahrheit unter.

Hans Joachim Schoeps

Wir gedenken der sechs Millionen Toten

Wir gedenken der sechs Millionen Toten und aller, die starben, als Wahnsinn die Welt regierte und das Böse in der Welt wohnte. Wir gedenken derer, die wir gekannt haben und derer, von denen selbst der Name verloren ist.
Wir trauern um alle, die mit ihnen starben, um ihre Güte und um ihre Weisheit, die die Welt hätten retten und so viele Wunden hätten heilen können. Wir trauern um den Geist und den Humor, der starb, um das Lernen und das Lachen, das für immer verloren ist. Die Welt ist ärmer geworden, und unsere Herzen werden kalt, wenn wir an die großen Dinge denken, die hätten sein können.
Wir sind dankbar für ihr Beispiel an Anstand und Güte. Wie Kerzen leuchten sie aus der Dunkelheit jener Jahre heraus, und in ihrem Licht erkennen wir, was gut ist – und was böse.
Wir gedenken jener nichtjüdischen Männer und Frauen, die den Mut hatten, außerhalb der Masse zu stehen und mit uns zu leiden. Auch sie sind deine Zeuginnen und Zeugen, eine Quelle der Hoffnung, wenn wir zu verzweifeln drohen.
Um des Leids unseres Volkes willen möge eine solche Zeit nie wieder kommen. Möge ihr Opfer nicht umsonst gewesen sein. In unserem täglichen Kampf gegen Grausamkeit und Vorurteile, gegen Tyrannei und Verfolgung gibt uns die Erinnerung an sie Kraft und leitet uns. In der Stille gedenken wir derer, die Gottes Namen auf der Erde geheiligt haben.

Seder ha-Tefillot

Ich entschied, mich zu lieben

Die Angst vor der Welt habe ich in einem kleinen Zimmer in Berlin kennengelernt, als ich mich vor jenen versteckte, die mich verletzen und töten wollten, weil ich Jude war. Es war die »Kristallnacht«, jenes nationale Pogrom im November 1938. Damals begannen die Nationalsozialisten in aller Öffentlichkeit, das gesamte jüdische Volk systematisch auszurotten. Mehrere Jahre traute ich mich kaum auf die Straße. Ein kleines jüdisches Kind konnte jederzeit angegriffen werden. Doch ich wurde in jenen Novembernächten erwachsen. Ich grübelte über diese Angst, die große Unsicherheit und die Selbstzweifel, die manchmal den Gedanken kommen ließen: »Vielleicht bin ich ein schrecklicher Mensch; vielleicht haben sie recht!« In der Dunkelheit kam ich zu dem Ergebnis, daß sie Unrecht hatten. Ich liebte meine Familie und Gott. Ich war barmherzig. Ich war begabt. In diesem Augenblick entschied ich mich, mich zu lieben, und konnte dadurch auch andere lieben.

Albert H. Friedlander

Zu spät

Der Rabbi von Byalistok erzählte folgende Geschichte: »Ein Reicher starb und wurde vor das himmlische Gericht geführt. Auf dem Weg dorthin kam er an den Wohnungen der Heiligen und der Frommen vorbei, die in einer unbeschreiblichen Freude lebten. Der Reiche bat um Erlaubnis, dort bleiben zu dürfen. Der Schutzengel sprach: ›Du darfst hier bleiben, wenn du das Eintrittsgeld bezahlen kannst.‹ – ›Sicher kann ich das‹, antwortete der Reiche, ›ich habe sehr viel Geld.‹ – ›Dein Geld wird hier nicht als Zahlungsmittel angenommen‹, antwortete der Schutzengel und zeigte dem Reichen verschiedene Papiere. ›Siehst du diese Empfangsbescheinigungen? Es sind Empfangsbescheinigungen für Werke der Nächstenliebe. Das ist das einzige Zahlungsmittel, das wir hier annehmen.‹ – ›Laß mich auf die Erde zurückkehren‹, flehte der Reiche, ›und ich werde mein ganzes Vermögen in diese Schecks der Nächstenliebe umwandeln. Dann komme ich wieder herauf.‹ – ›Dafür ist es jetzt zu spät‹, antwortete der Engel.«

Chassidisch

Nichts ist dauernd

Nichts ist dauernd als der Wechsel, nichts beständig als der Tod.

Ludwig Börne

Als der Baal Schem Tow erkrankte und sich bewußt wurde, daß der Tod nahte, versammelten sich seine Schüler um sein Bett. Er tröstete sie mit folgenden Worten: »Ich bin nicht im geringsten besorgt, denn ich weiß, daß ich aus einer Tür hinausgehe, um durch eine andere hineinzugehen.«

Chassidisch

Der echte Glaube spricht: Ich weiß nichts vom Tod, aber ich weiß, daß Gott die Ewigkeit ist, und ich weiß dies noch, daß er mein Gott ist. Ob das, was wir Zeit nennen, uns jenseits unseres Todes verbleibt, wird uns recht unwichtig nebem diesem Wissen, daß wir Gottes sind – der nicht »unsterblich«, sondern ewig ist.

Martin Buber

12. November

Das irdische Leben vollständig nutzen

Im Unterschied zum Christentum gab es im Judentum nie eine eindeutige Vorstellung über das Geschehen im Jenseits. Stattdessen haben sich aus einer Anzahl unbestimmter Hinweise in der Bibel zwei verschiedene Lehrmeinungen herausgebildet. Die eine ist die Vorstellung von der Unsterblichkeit der Seele. Sie geht davon aus, daß die Seele eines Menschen vom Zeitpunkt des Todes an unabhängig vom Körper weiterlebt (Spr 12,28; Schab 152b). Die andere ist die Vorstellung von einer Auferstehung der Toten. Sie setzt voraus, daß ein Mensch zum Zeitpunkt seines Todes zwar sterbe (sowohl die Seele als auch der Körper), daß er aber in der messianischen Zeit wiederbelebt und leiblich auferstehen werde (Dan 12,2; Sanh 10,1). … Der genaue Wesenszustand der Seele nach dem Tod des Körpers wurde im Judentum nie näher beschrieben. … Alles, was man sagen kann, ist, daß das Leben, das wir kennen, auf unseren momentanen Aufenthalt auf Erden begrenzt ist, daß es aber darüber hinaus ein Leben nach dem Tod gibt. Es ist nicht zwangsläufig begehrenswerter oder diesem Leben vorzuziehen, sondern eher ein anderes Stadium. Da Einzelheiten unbekannt sind, ist es die beste Einstellung, sich auf die Verdienste der uns bekannten Welt zu konzentrieren und das Leben hier vollständig zu nutzen.

Jonathan A. Romain

Ich will nicht mit dir gehen

Im Sinken liegt Steigen.

Salomon An-ski Rapaport

Als Abraham unter der Eiche von Mamre saß, nahm er einen Lichtstrahl wahr und einen süßlichen Geruch. Als er sich umwandte, sah er den Tod, der auf ihn zukam in großer Herrlichkeit und Schönheit. Und der Tod sprach zu Abraham: »Denke nicht, diese Schönheit sei mir eigen oder daß ich so zu jedem Menschen käme. Nein, sondern wenn ein Mensch so gerecht ist wie du, nehme ich dies als Krone und komme zu ihm. ... Dennoch antwortete Abraham: »Ich will nicht mit dir gehen.« ... Als der Tod seine Seele nicht nehmen konnte, nahm Gott sie im Traum, und der Erzengel Michael brachte sie zum Himmel hinauf. Da erscholl die Stimme Gottes und sprach: »Bringt meinen Freund Abraham ins Paradies, wo es keinen Schmerz, keinen Kummer und keine Klage gibt, sondern Friede, Freude und ewiges Leben.«

Midrasch Genesis Rabba 63,6ff.

Jakobs Kampf

In jener Nacht stand Jakob auf, nahm seine beiden Frauen, seine beiden Mägde und seine elf Kinder und überquerte den Jabbok an einer seichten Stelle. Er ließ sie den Fluß überqueren. Dann brachte er alles hinüber, was ihm gehörte. Schließlich war er allein übriggeblieben. Da rang jemand mit ihm bis zum Anbruch der Morgenröte. Als das Wesen sah, daß er ihm nicht standhalten konnte, schlug es ihn auf das Hüftgelenk. Jakobs Hüftgelenk renkte sich aus, als er mit dem Wesen rang. Und es sagte: »Laß mich gehen, denn das Morgenrot ist aufgestiegen.« Und er antwortete: »Ich lasse dich nicht gehen, bevor du mich nicht gesegnet hast!« Und es sagte zu ihm: »Wie heißt du?« Er sagte: »Jakob«. Es sagte: »Du sollst nicht mehr länger ›Jakob‹ heißen, sondern ›Israel‹ – ›der mit Gott rang‹, denn mit Gott und den Menschen hast du gerungen und hast dich durchsetzen können.« Dann fragte Jakob: »Nenne mir nun auch deinen Namen!« Und das Wesen sagte: »Warum fragst du nach meinem Namen?« Und es segnete ihn dort. Jakob nannte diesen Ort Pniël – »das Angesicht Gottes«, denn er sagte: »Ich habe Gott von Angesicht zu Angesicht gesehen und bin dennoch am Leben geblieben!« Die Sonne strahlte ihm auf, als er Pniël durchquerte. Er hinkte an seiner Hüfte.

Genesis 32,23-32

Jakob rang

Während Jakob rang, kannte er das Wesen seines Gegners nicht. Vielleicht mußte dies so sein, denn wenn ein Mensch gegen eine Kraft kämpft, die ihm überlegen ist, kann er sich in dem betreffenden Augenblick selbst nicht sicher sein, ob Gott oder Satan sein Gegner ist, ob es eine göttliche oder eine dämonische Kraft ist. Beide werden ihn fast bis über seine Kräfte hinaus in Anspruch nehmen. Die große Todesangst der Seele besteht genau darin, daß wir während des Ringens im Zweifel bleiben und »der Mann« entkommen kann, bevor wir seinen Namen erfahren haben. Erst später, im vollen Licht des Tages, können wir erkennen, was wir sahen, ob es Gott war, dem wir von Angesicht zu Angesicht begegnet sind. Das Geheimnis mag nie vollständig gelöst werden. Dies ist Teil der Zweideutigkeit einer menschlichen Begegnung mit Gott.

W. Gunther Plaut

Jeder und jede ist alleine mit Gott:
Hinter der Maske von Tat und Gesicht
ringt jeder Mensch mit einem Engel.

Jessie Sampter

Stelle dich auf diese Welt ein

Stelle dich auf diese Welt ein, als ob du ewig leben würdest. Stelle dich auf die kommende Welt ein, als ob du morgen sterben würdest.

Salomo ibn Gabirol

Nur wer an die Welt glaubt, bekommt es mit ihr selbst zu tun; und gibt er sich dran, kann er auch nicht gottlos bleiben.

Martin Buber

Alles, was in ihr (der Welt) geschieht, hat eine doppelte Beziehung, einmal auf »diese« und dann auf die »kommende« Welt. Dieses Beieinander der zwei Welten, dieser und jener, bestimmt alles. … Diese Spaltung durchdringt das ganze Leben, als Gegensatz von Heilig und Gemein, Sabbat und Werktag, »Thora und Weg der Erde«, Leben im Geist und im Geschäft.

Franz Rosenzweig

Der Weg des Lebens in dieser Welt

Von der Welt wegblicken, das hilft nicht zu Gott; auf die Welt hinstarren, das hilft auch nicht zu ihm; aber wer die Welt in ihm schaut, steht in seiner Gegenwart.

Martin Buber

Gott, du hast mich geschaffen. Ich wende mich zu dir wie ein Kind an seine Eltern. Leben und Tod liegen in deiner Hand. Möge es dein Wille sein, mich zu heilen und mir das Leben zu erhalten. Aber wenn es Zeit für mich ist, weiterzugehen durch den Tod in das ewige Leben, dann gib mir Mut und Zuversicht, damit diese Reise mir leichter fällt.
Vergib mir meine Sünde. Meine Seele soll rein sein, wenn sie zu dir zurückkehrt. Behüte die, die ich liebe und die ich nun zurücklasse. Ihr aller Leben steht in deiner Fürsorge. Durch deine Barmherzigkeit werden wir eines Tages wieder im Bund des Lebens zusammenkommen. Mein Geist birgt sich in deiner Hand, stets, sei ich schlafend oder wach. Und auch mein Leib birgt sich in dir. Ich fürcht' mich nicht, du bist bei mir.

Seder ha-Tefillot

Alles hat seine Zeit

Alles hat seine Stunde. Für jedes Geschehen unter
dem Himmel gibt es eine bestimmte Zeit:
eine Zeit zum Gebären und eine Zeit zum Sterben,
eine Zeit zum Pflanzen
und eine Zeit zum Abernten des Gepflanzten,
eine Zeit zum Töten und eine Zeit zum Heilen,
eine Zeit zum Niederreißen
und eine Zeit zum Bauen,
eine Zeit zum Weinen und eine Zeit zum Lachen,
eine Zeit für die Klage und eine Zeit für den Tanz,
eine Zeit zum Steinewerfen
und eine Zeit zum Steinesammeln,
eine Zeit zum Umarmen
und eine Zeit, die Umarmung zu lösen,
eine Zeit zum Suchen und eine Zeit zum Verlieren,
eine Zeit zum Behalten
und eine Zeit zum Wegwerfen,
eine Zeit zum Zerreißen
und eine Zeit zum Zusammennähen,
eine Zeit zum Schweigen und eine Zeit zum Reden,
eine Zeit zum Lieben und eine Zeit zum Hassen,
eine Zeit für den Krieg
und eine Zeit für den Frieden.
Welchen Vorteil hat ein Mensch
von all seinen Mühen?

Kohelet 3,1-9

Weshalb empfindet jemand Leere und Ferne?

Ein Schüler fragte den Baal Schem Tow: »Weshalb empfindet jemand, der Gott liebt und sich ihm nahe weiß, manchmal Leere und Ferne?« – Der Baal Schem Tow erklärte ihm: »Wenn ein Vater seinem Kind das Laufen beibringen will, stellt er es zuerst vor sich und hält die Hände nahe an beide Seiten des Kindes, damit es nicht fällt; so geht das Kind zwischen den Händen des Vaters auf diesen zu. Aber wenn es beim Vater angelangt ist, entfernt sich dieser ein Stück und hält die Hände weiter weg, damit das Kind laufen lernt.«

Chassidisch

Gepriesen sei Gott, der in Ewigkeit lebt, sein Königtum sei gepriesen. Er züchtigt und hat auch wieder Erbarmen; er führt hinab in die Unterwelt und führt auch wieder zum Leben. Niemand kann seiner Macht entfliehen. Bekennt euch zu ihm vor allen Völkern, ihr Kinder Israels; denn er selbst hat uns unter die Völker zerstreut. Verkündet dort seine erhabene Größe, preist ihn laut vor allem, was lebt. Denn er ist unser Herr und Gott, er ist unser Vater bis in alle Ewigkeit.

Tobit 13,2-4

Ich bin Jude

Ich bin Jude, weil an jedem Orte, wo ein Schmerz blutet, der Jude blutet; ich bin Jude, weil in allen Zeiten, wo eine Verzweiflung aufschreit, der Jude hofft.

Edmond Fleg

Man kann sich nur so lange von seinem Judentum bedrückt fühlen, als man nicht stolz darauf ist.

Bertha Pappenheim

Gott hat das Volk Israel einzig deswegen unter die Völker verstreut, damit Bekehrte zu ihm stoßen sollen.

Babylonischer Talmud, Pessachim 87b

Identität

Ich werde am Du.

Martin Buber

Religiöse Identität ist etwas, das ständig im Fluß ist. Sie drückt sich als Beziehung aus: Zwischen dem Denken der Vergangenheit, der Selbstvergewisserung der eigenen religiösen Gemeinschaft und den Herausforderungen des heraufziehenden Jahrhunderts.

Walter Homolka

Es gibt eine nette Geschichte über einen einfältigen Menschen namens Jankel. Er war so vergeßlich, daß er nie seine Kleider fand, wenn er morgens aufstand. Deshalb hatte er sich ein schlaues System erdacht. Als er abends seine Kleider auszog, schrieb er sich auf ein Blatt Papier, wo sie waren. Am nächsten Morgen, als Jankel aus dem Bett stieg, las er den Zettel, den er immer noch in der Hand hielt: »Jankels Jacke hängt am Haken an der Tür«; – er ging hinüber, um nachzusehen – tatsächlich: sie war dort. »Jankels Hose hängt über der Stuhllehne«. Auch das stimmte. Jankel war begeistert. »Jankels Unterhemd, Unterhose und Socken liegen als Stapel auf dem Stuhl«. Stimmte. Und dann ganz unten auf der Liste stand die letzte Notiz: »Jankel ist im Bett«. Doch als er hinsah, war dort niemand.

Jonathan Magonet

Alle sind sie Edelsteine

Einst sagte der Baal Schem Tow: »Es gibt wahre Edelsteine, die offenbar sind, und jedermann kann ihren Glanz, ihre in verschiedenen Farben strahlenden Lichter sehen und ihre Echtheit erkennen: Dies sind die wahrhaft Gläubigen. Wieder gibt es falsche Edelsteine: Dies sind die heuchlerischen Frommen. Schließlich gibt es Edelsteine, im Sand verborgene Schätze, die man nicht gleich als Edelsteine erkennen kann: Das sind jene, die sich leichtfertig den Begierden und Leidenschaften hingeben, die Vorschriften des Gesetzes nicht befolgen, wohl aber in ihrem Herzen den Schatz der Menschenliebe tragen.« Er hielt einen Augenblick inne und setzte dann hinzu: »Aber alle sind sie Edelsteine!«

Chassidisch

Verantwortung für die Gesellschaft

Strebt nach Frieden für die Stadt, in der ihr im Exil lebt, und betet für sie zu Gott. Denn durch ihren Frieden habt auch ihr Frieden.

Jeremia 29,7

Schickt euch in die Verfassung des Landes, in welches ihr versetzt seid. Aber haltet euch standhaft bei der Religion euer Väter. Tragt beider Lasten so gut ihr könnt.

Moses Mendelssohn

Nicht Wächter, nicht Verteidiger der Mauer sind wir, sondern die Mauer selbst, und jeder von uns ist ein lebendiger Ziegel dieser Mauer.

Chajim Arlosoroff

Die Juden sind eine Summe von Individuen. Darin liegt ihr Verhängnis, darin liegt ihre europäische Vergangenheit, darin liegt ihre Menschheitszukunft, Glück oder Untergang.

Jakob Wassermann

Solche, die sich zum Judentum bekehren, heißen Israeliten, auch wenn sie von anderen Nationen abstammen.

Josef Albo

Der Baal Schem Tow unternahm einmal eine große Reise und ließ das Gespann von einem neuen russischen Kutscher führen. Sie kamen an einem Kruzifix vorbei, und der Kutscher unterließ es, sich zu bekreuzigen. Darauf befahl der Baal Schem Tow, nach Hause zurückzukehren. Dort angekommen, fragten die Jünger ihn, warum er die Fahrt unterbrochen habe. Er sagte: »Weil der Kutscher es unterlassen hat, sich angesichts eines Kruzifixes zu bekreuzigen!« Nach einer Weile fuhr er fort: »Jeder Mensch muß die Vorschriften seines Glaubens genau befolgen. Handelt er ihnen zuwider, verdient er kein Vertrauen!«

Chassidisch

Die Frage, wer ich bin

Die Frage: »Wer bin ich?« kann nur im Zusammenhang mit der Frage beantwortet werden: »Wer ist der andere?« Dazu aber müssen wir die Grammatik und das Zeichensystem unseres eigenen religiösen Herkommens beherrschen und ihre Lesbarkeit in der Zukunft garantieren.

Walter Homolka

Aber es gibt schon Juden, die ich wirklich hasse, als Juden hasse. Das sind die, die vor andern und manchmal auch vor sich selber tun, als wenn sie nicht dazugehörten.

Arthur Schnitzler

Aus dem Glauben an Gott, wie immer er zum Ausdruck kommt, ergeben sich einige Feststellungen, die für das Judentum … grundlegend sind: daß die Welt ein Ziel hat, daß das Leben einen Sinn hat, daß alle Menschen gleich sind, daß jedes Individuum einzigartig ist und seine Würde geachtet werden muß und daß jeder Mensch eine bestimmte Aufgabe hat.

Jonathan A. Romain

Identität durch körperliche und geistige Ruhe

Der Schabbat ist der Mittelpunkt jüdischen Lebens. … Sein Thema, die – körperliche und geistige – Ruhe, ist in der heutigen, gehetzten Zeit genauso wichtig wie in der Vergangenheit mit ihren körperlich anstrengenden Arbeiten. Der technologische Fortschritt und ein höheres Maß an Freizeit haben zwar etliche Vorteile geschaffen, doch sie bewirken oft, daß wir eher noch mehr als weniger tun. Das Bedürfnis nach persönlicher Erneuerung hat sich also nicht verringert. … Das Schabbatgebot zeigt, daß man den Schabbat hält, wenn man einerseits gewisse Dinge tut, andererseits gewisse Dinge unterläßt. »Gedenke des Schabbattages, um ihn heilig zu halten! Sechs Tage sollst du schaffen und deine Arbeit tun. Der siebte Tag aber ist ein Ruhetag, dem Ewigen, deinem Gott geweiht. An ihm sollst du keine Arbeit tun.« (Ex 20,8-10).

Jonathan A. Romain

Mehr als die Juden für die Erhaltung des Sabbats getan haben, hat der Sabbat für die Erhaltung der Juden getan.

Achad Haam

Hätte das Judentum nur den Sabbat der Welt gebracht, so wäre es schon dadurch ausgewiesen als Freudenbringer und Friedensstifter.

Hermann Cohen

Die Seele braucht Erneuerung

Wie der Körper erschlafft, wenn er immer nur mühsame Arbeiten verrichtet und erst durch Ruhe und Erholung wieder in die behagliche Stimmung zurückkehrt, ebenso bedarf die Seele der Erholung, indem sich die Sinne mit Betrachtung der Kunstgebilde und zierlicher Gegenstände unterhalten, bis sie sich von ihrer Abspannung erholt hat.

Moses Maimonides

Abendgebet

Gib, Quelle unseres Lebens, daß wir uns zufrieden zur Ruhe legen und laß uns, Ursprung unsrer Stärke, mit neuer Lebenskraft wieder aufstehen. Breite deinen Frieden über uns aus wie ein Zelt, leite uns durch deine guten Ratschläge und hilf uns um deines Namens willen. Beschütze uns und halte Feinde und Krankheiten, Krieg, Hungersnot und Kummer von uns fern. Im Schatten deiner Flügel birg uns, denn du bist Gott, du beschützt und rettest uns; denn du bist Gott, du regierst in Gnade und Barmherzigkeit. Behüte unseren Ausgang und Eingang, unser Schlafen und unser Wachen von nun an bis in Ewigkeit. Breite deinen Frieden über uns aus wie ein Zelt. Gepriesen seist du, Ewiger. Du breitest deinen Frieden wie ein Zelt über uns aus, über dein Volk Israel und über die ganze Welt.

Aus der jüdischen Liturgie

Die Seele ist rein

Mein Gott, die Seele, die du mir geschenkt hast, ist rein. Du hast sie geschaffen. Du hast sie sich entwickeln lassen. Du hast sie mir eingehaucht. Du behütest sie in mir. Du wirst sie mir eines Tages nehmen und in ewiges Leben verwandeln. Mein Gott und Gott meiner Vorfahren, solange die Seele in mir ist, will ich dir danken, denn du waltest über alle Geschöpfe, du herrschst über alle Kreatur. Alles Leben ist in deiner Hand. Gepriesen seist du, Ewiger. Du bringst den Toten ihre Seelen zurück.

Babylonischer Talmud, Berachot 60b

Solange das Kind im Mutterleibe ist, brennt eine Lampe oberhalb seines Hauptes, und sein Blick schweift von einem Ende der Welt bis zum anderen Ende. Hier genießt der Mensch die schönsten Tage seines Lebens. Hier wird ihm auch die ganze Thora beigebracht. Sobald er aber an die Luft der Welt tritt, versetzt ihm ein Engel einen Schlag auf den Mund, und der Neugeborene hat sogleich die ganze Thora vergessen. Bevor er jedoch den Mutterleib verläßt, wird er mit folgenden Worten beeidet: »Werde ein Frommer und kein Sünder! In deinen eigenen Augen bleibe aber ein Sünder, wenn dir auch die ganze Welt sagt: ›Du bist fromm‹. Und wisse, daß der Heilige, gelobt sei er, rein ist, und daß seine Diener, die Engel, rein sind und daß rein auch die Seele ist, die er dir gab. Bewahrst du sie in Reinheit, gut; wo nicht, entreiße ich sie dir.«

Babylonischer Talmud, Nidda 30b

Einfältig wandeln mit Gott

Ein Europäer auf der Höh' der Zeit,
ein Atheist, ein fortschrittlicher,
progressiver Mensch,
plötzlich gestoppt in seinem Fortschritt,
wirft die Arme in die Luft und schreit:
»Hilf und segne!

Mein Anzug hängt an mir herunter,
paßt nicht recht,
der Schlips ist wie ein Strick um meinen Hals,
wenn die Blitze am Himmel zucken,
wenn der Donner über alles kracht.

Ich hab' Angst, deshalb komm' ich zu dir,
nicht kriecherisch, bettelnd, nein: verzweifelt.
Mit beiden Fäusten schlag' ich an deine Tür,
damit du mir Trost und Ruhe gibst.

Ich brauch' dich wie eine Mutter, wie ein Zuhaus'.
Ich brauch' dich wie das Brot, wie mein Blut.
Denn einsam bin ich und allein,
und unbekannt ist mir das Gute.«

Mosche Schimmel

Einfältig wandeln mit deinem Gott – die Worte stehen über dem Tor, dem Tor, das aus dem geheimnisvoll-wunderbaren Leuchten des göttlichen Heiligtums, darin kein Mensch leben bleiben kann, herausführt. Wohinaus aber öffnen sich die Flügel des Tors? Du weißt es nicht? INS LEBEN.

Franz Rosenzweig

Dezember

Licht
Friede
Hoffnung

Ich mache dich zum Licht für die Völker.

Jesaja 49,6

Groß ist der Friede, denn Gottes Name ist Frieden (Richter 6,24), der Messias wird Frieden genannt (Jesaja 9,5), und Israels Name ist Frieden (Sacharja 8,12).

Talmud

Von Ewigkeit zu Ewigkeit ist Gott, darum ist er uns »Zuflucht für und für«. Gott war und wird sein, so wird er denn »seinem Volke Kraft geben, er wird sein Volk mit Frieden segnen.« Gott bleibt immerdar; daher darf die Hoffnung auf seine Gerechtigkeit nie verzweifeln.

Leo Baeck

Du läßt das Licht scheinen

Gepriesen seist du, Ewiger, unser Gott; du regierst die Welt. Du läßt das Licht scheinen, aber schaffst auch die Finsternis, du bringst Frieden, du schaffst alles. Alles lobt dich und alles preist dich, alles sagt: Nichts ist heilig wie der lebendige Gott! Du gibst der ganzen Welt und all ihren Bewohnern Licht, und durch deine Güte erneuerst du deine Schöpfung Tag für Tag. Wie zahlreich sind deine Werke, Gott. Sie alle hast du in Weisheit gemacht. Die Erde ist erfüllt mit deinem Eigentum. Gott, du allein bist erhöht seit jeher. Du wirst gepriesen und verherrlicht und erhoben seit den Tagen der Vorzeit.

Aus der jüdischen Liturgie

Gott sprach: Es werde Licht – und das Licht Gottes, was ist es? Des Menschen Seele.

Franz Rosenzweig

1. Dezember

Der Ewige ist mein Licht

Wenn Israel die Menora entzündet, spendet sie sozusagen Gott selbst Licht, so wie er Israel Licht gibt. Ebenso wird gesagt: Wie das Öl Licht gibt, so gab der Tempel der ganzen Welt Licht, wie der Prophet sagt: »Da schreiten Völker hin zu deinem Licht« (Jes 60,3).
Diejenigen, die Thora studieren, spenden Licht, wo immer sie sind.

Midrasch Exodus Rabba 36,1-3

Auch der Nichtjude kommt einem Hohenpriester gleich, wenn er sich mit der Thora beschäftigt.

Babylonischer Talmud, Baba Qamma 38b

Der Ewige ist mein Licht und mein Heil, vor wem sollte ich mich fürchten? Der Ewige ist meines Lebens Schutzwehr, vor wem soll ich zagen?

Psalm 27,1

2. Dezember

Licht aus der Dunkelheit

Wenn ein Mensch andere nicht sieht oder sehen will, ist Finsternis in der Welt.

Ketaw Sofer

Gott, du Schöpfer und Herrscher aller Dinge, auf dein Wort hin entsteht Licht aus der Dunkelheit und Ordnung aus dem Chaos. In deiner Weisheit hast du uns die Kraft gegeben, gegen Unwahrheit und Unterdrückung zu kämpfen und durch diesen Kampf Freiheit und Wahrheit zu gewinnen.

Aus der jüdischen Liturgie

Eine Leuchte ist dein Wort

Eine Leuchte meinem Fuße ist dein Wort, und ein Licht für meine Bahn.

Psalm 119,105

Gott, wir danken dir für das Licht – für das Licht der Thora; für das Licht des Lernens, durch das wir in unserem Leben geleitet werden; für das Licht der Wahrheit und für das Licht des Gewissens; für die großen, guten Menschen, die wie die Sterne am Himmel glänzen; für das Licht dieser Kerzen. Wir danken dir und preisen deinen Namen.

Seder ha-Tefillot

Frieden schaffen

Gott schafft Frieden in der Höhe. Möge Gott uns und ganz Israel Frieden geben.

Aus der jüdischen Liturgie

Der Baal Schem Tow sagte: »Es ist die Pflicht eines echten *Zaddik*, sein Volk zur Einheit zu führen, ohne Rücksicht auf alles, was Uneinigkeit hervorrufen könnte, wie der Unterschied zwischen dem Gebildeten und dem Unwissenden, zwischen dem Reichen und dem Armen, zwischen dem Frommen und dem Ungläubigen, zwischen den Aschkenasim und den Sepharadim. Denn Gott und Israel sind eins, und ihre Einheit im Himmel wird durch ihre Einheit auf Erden wieder herstellt. Es gibt nichts Wertvolleres in den Augen Gottes als die Einheit Seines auserwählten Volkes.

Chassidisch

5. Dezember

Gott gebe dir Frieden

In Gottes Augen ist der Mensch hoch geachtet, der Frieden stiftet zwischen Menschen – zwischen Mann und Frau, zwischen Eltern und Kindern, zwischen Arbeitgebern und Arbeitnehmern, zwischen Nachbarn. Doch am höchsten steht derjenige, der Frieden stiftet zwischen Nationen.

Mechilta zu Ex 20,22

Es segne dich der Ewige und behüte dich! Es lasse der Ewige sein Antlitz dir leuchten und sei dir gnädig! Es wende der Ewige dein Antlitz dir zu und gebe dir Frieden!

Numeri 6,24

Der Friede Gottes ist seine Vollkommenheit, sein Angesicht, das höchste Urbild menschlicher Sittlichkeit.

Hermann Cohen

Suche den Frieden

Unsere Weisen lehren: »Suche den Frieden an deinem Ort!« Nur der findet den Frieden, der nirgendwo anders sucht als bei sich selbst.

Baal Schem Tow

Wer Frieden sucht,
wird den anderen suchen
wird Zuhören lernen
wird das Vergeben üben
wird das Verdammen aufgeben
wird vorgefaßte Meinungen zurücklassen
wird das Wagnis eingehen
wird an die Änderung des Menschen glauben
wird Hoffnung wecken
wird dem anderen entgegengehen
wird zu seiner eigenen Schuld stehen
wird geduldig dranbleiben
wird selber vom Frieden Gottes leben. –
Suchen wir den Frieden?

Schalom Ben-Chorin

7. Dezember

Liebe Frieden

Sei einer von den Schülern Aarons: Liebe Frieden und schaffe Frieden. Liebe die Menschen und lehre sie die Thora.

Sprüche der Väter 1,12

Setze dich für den Frieden ein, in deinem Haushalt, dann in deiner Straße, dann in deiner Stadt.

Der Berschider Rebbe

Durch drei Dinge unterscheidet sich der eine Mensch vom anderen: durch seine Stimme, durch sein Gesicht und durch seine Ansichten.

Babylonischer Talmud, Sanhedrin 38a

8. Dezember

Daß unser Haß sich nicht erhebe

Möge es Dein Wille sein, Ewiger, mein Gott und Gott meiner Väter, daß unser Haß sich nicht erhebe gegen den Nächsten und nicht des Nächsten Haß gegen uns! Möge Deine Lehre unsere Häuser alle Tage unseres Lebens füllen und mögen unsere Worte Eingang vor Dir finden!

Jerusalemer Talmud, Berachot IV,2

Es gibt keine gesegnetere Waffe als den Frieden.

Jerusalemer Talmud, Berachot 82

Vergänglich ist alles, was der bloßen Macht dient; alle Gewalt ist dazu da, um früher oder später zusammenzubrechen. … Ihr stetes Ergebnis ist, daß sie sich selbst vernichtet. Der Glaube an sie ist der Glaube an das Nichtige und ist so Götzendienst. Bleibend ist allein, was von Gott Zeugnis ablegt, das Gute also, das was dem Rechten dient, das, was das Gebot Gottes verwirklicht. … Es gibt nur eine Zukunft, die des Guten, die der Gerechtigkeit.

Leo Baeck

Man mehre den Frieden

Ein Wahlspruch war es im Munde Abajjes: Stets sei der Mensch klug in der Gottesfurcht. Eine sanfte Antwort stillt den Zorn. Man mehre den Frieden mit seinen Brüdern, mit seinen Verwandten und mit jedermann, selbst mit einem Nichtjuden auf der Straße, damit man droben beliebt und hienieden gewogen sei, und wohlgelitten unter den Menschen. Man erzählte von R. Jochanan ben Zakkaj, daß ihm niemals jemand mit einem Gruße zuvorgekommen sei, nicht einmal ein Nichtjude auf der Straße.

Babylonischer Talmud, Berachot 17a

Das Messianische des Judentums fordert den neuen Menschen, den, der mit sich Ernst macht … Und auch in dieser Idee vom Frieden ist darum etwas Treibendes, Stoßendes, etwas Aufrührerisches fast.

Leo Baeck

10. Dezember

Clowns

Rabbi Baruka aus Chusa ging oft auf den Marktplatz von Lapet. Eines Tages erschien ihm dort der Prophet Elia, und Rabbi Baruka fragte ihn: »Gibt es unter all diesen Menschenmassen einen einzigen Menschen, der Anteil an der kommenden Welt haben wird?« Elia antwortete: »Es gibt keinen.« Später jedoch kamen zwei Menschen auf den Marktplatz, und Elia sagte zu Rabbi Baruka: »Diese beiden werden Anteil an der kommenden Welt haben.« Rabbi Baruka fragte die beiden Neuhinzugekommenen: »Was ist denn euer Beruf?« Sie antworteten ihm: »Wir sind Clowns. Wenn wir jemanden sehen, der traurig ist, dann erheitern wir ihn. Wenn wir zwei Menschen sehen, die sich zanken, versuchen wir, sie wieder zu versöhnen.«

Babylonischer Talmud, Taanit 22a

Der Friede steht über der Wahrheit

Wenn es darum geht, den Frieden zu erreichen, darf ein Mensch sein Wort ändern.

Babylonischer Talmud, Jewamot 65b

Rabbi Simeon ben Lakisch sprach: Groß ist der Frieden, denn, um Frieden zwischen Josef und seinen Brüdern zu stiften, bediente sich die Heilige Schrift erdichteter Worte. Als ihr Vater starb, fürchteten die Brüder, daß Josef jetzt an ihnen Rache üben würde. Daher sagten sie zu ihm in Genesis 50,16f: »Dein Vater befahl vor seinem Tod und sprach: ›Also sollt ihr Josef sagen… Vergib doch deinen Brüdern, usw.‹.« Doch finden wir nirgendwo in der Heiligen Schrift, daß unser Vater Jakob tatsächlich einen solchen Befehl erlassen hatte. Die Heilige Schrift bedient sich hier erdichteter Worte – um des Friedens willen.

Midrasch Deuteronomium Rabba, Schoftim 15

12. Dezember

Krieg

Der Krieg ist in den Augen jener gerechtfertigt, die durch ihn ihre Ziele erreichen.

Sprüche der Soferim

Wieder einmal Krieg. Der letzte. So reden sie immer. Laßt uns kämpfen, so als hätten wir nie mehr zu kämpfen. Laßt uns töten, so als wollten wir den Tod besiegen. Wer weiß, möglicherweise hielt auch Kain sich selbst nicht nur für den ersten, sondern auch für den letzten Mörder der Geschichte.

Elie Wiesel

Liebe und Wahrheit begegnen sich

Rabbi Schim'on sagte: Als Gott – Gottes Heiligkeit sei gepriesen! – den ersten Menschen erschuf, entstanden unter den Dienstengeln mehrere Gruppen und Parteien. Die einen sagten: »Er möge erschaffen werden.« Die anderen sagten: »Er möge nicht erschaffen werden.« Deshalb steht geschrieben: »Liebe und Wahrheit begegnen sich; Gerechtigkeit und Friede küssen sich« (Ps 85,11). Die Liebe sagt: »Er möge erschaffen werden, denn er wird Werke der Liebe vollbringen.« Und die Wahrheit sagt: »Er möge nicht erschaffen werden, denn er ist voller Lügen.« Die Gerechtigkeit sagt: »Er möge erschaffen werden, denn er wird Werke der Gerechtigkeit vollbringen.« Der Friede sagt: »Er möge nicht erschaffen werden, denn er ist voller Streit«.

Midrasch Genesis Rabba 8,5

Streit

Jeder Streit über eine Sache, die zu Gottes Ruhm beiträgt, hat bleibenden Wert. Jeder Streit über eine Sache, die nicht zu Gottes Ruhm beiträgt, stiftet nur Unheil.

Sprüche der Väter 5,20

Abel sagte zu Kain: »Weil die Früchte meiner Werke besser waren als die deinen und deine übertreffen, wurde mein Opfer mit Wohlgefallen angenommen.« Kain antwortete und sagte zu Abel: »Es gibt kein Gericht, und es gibt keinen Richter, und es gibt keine andere Welt und keinen guten Lohn für die Gerechten und keine Strafe für die Frevler.« Über diese Fragen stritten sie sich auf dem Feld, und Kain erhob sich gegen seinen Bruder Abel und stieß einen Stein in seine Stirn und tötete ihn.

Targum Jonathan zu Gen 4,8

Alles hat seine Zeit: Krieg hat seine Zeit, Frieden hat seine Zeit.

Kohelet 3,8

Das Land ist nur geliehen

Ich gehöre zu einer Gruppe von Menschen, die seit der Eroberung Palästinas durch die Briten nicht aufgehört hat, für einen wirklichen Frieden zwischen der jüdischen und der arabischen Bevölkerung zu kämpfen. Unter einem wirklichen Frieden verstanden wir und verstehen immer noch, daß beide Völker gemeinsam das Land entwickeln, ohne daß eins dem anderen seinen Willen aufzwingt. Im Blick auf die internationalen Gepflogenheiten unserer Generation schien uns dies schwierig, aber nicht unmöglich zu sein. Wir waren und sind uns dessen bewußt, daß dieser unübliche, ja beispiellose Fall von uns verlangt, neue Wege zu suchen, neue Wege der Verständigung und des herzlichen Einvernehmens zwischen den Nationen. Auch hier standen und stehen wir unter der Macht eines Gebotes. … Ich denke, daß Gott nicht einen Teil der Erde abgibt, damit jemand wie Gott in der Bibel sagen könnte: »Das ganze Land ist mein!« (Ex 19,5) Das eroberte Land ist meiner Meinung nach auch den Eroberern nur geliehen, die sich darauf niedergelassen haben. Und Gott wartet nun ab, was sie daraus machen werden.

Martin Buber

Das Judentum ist die Seele, deren Körper Israel ist

Das Judentum ist die Seele, deren Körper Israel ist. … Im Wiederaufbau Palästinas, dem Land, das durch Erinnerungen und Hoffnungen geheiligt ist, sehen wir die Verheißung eines erneuerten Lebens für viele unsere Bürger.
Wir bekräftigen die Verpflichtung des gesamten Judentums, dabei zu helfen, es als ein jüdisches Heimatland zu bilden, durch Bestrebungen, es nicht nur zu einer Zuflucht für die Verfolgten zu machen, sondern auch zu einem Zentrum jüdischer Kultur und spirituellen Lebens.

Columbus Platform
der Central Conference of American Rabbis (1937)

Die Errungenschaften des modernen Zionismus

Die Errungenschaften des modernen Zionismus: die Schaffung des Staates Israel, die Wiederbelebung der hebräischen Sprache, die Aufnahme von Millionen Immigranten, die Verwandlung verwüsteter Orte in blühende Wälder und Felder, die Entwicklung einer blühenden neuen Wirtschaft und Gesellschaft, sie sind ein Sieg des jüdischen Geistes, für den es keine Parallele gibt.
Wir halten an unserer Liebe zu Zion fest. Wir sind entschlossen, auf den Tag hinzuwirken, an dem jedes jüdische Herz voller Stolz und Zuversicht ist, weil die Verheißung erfüllt ist: »Wann aus dem Elend Gott nach Zion führet: So sind wir wie vom Traum erwacht. Voll Lachens ist dann unser Mund, frohlockenvoll die Zunge. Und alle Heiden sprechen: Für sie hat Wunder Gott getan!« (Psalm 126,1-2)

Miami Platform
der Central Conference of American Rabbis (1997)

Jerusalem wird das Licht der Völker sein

Jerusalem wird das Licht der Völker der Erde sein, und sie werden zu ihm hingehen.

Midrasch Pesikta Rabbati

Denn von Zion wird die Lehre ausgehen und das Wort Gottes von Jerusalem.

Jesaja 2,3

Die Erwählung hat dem jüdischen Volk nur Pflichten auferlegt, aber ihm keine bevorzugte Stellung gewährt.

Simon Bernfeld

19. Dezember

Das Gottesgebot und die Gerechtigkeit

Das Bleibende ist … auch immer das Verbindende. Die Macht und ihre Gewalt trennen, sie bedeuten die Bedrückung, den Kampf und den Krieg. Ihre Macht ist die doppelte Moral, diese Abgötterei, die das beanspruchende Urteil nur dem Sieger und die leistende Pflicht nur dem Besiegten, die Forderung nur dem Starken und den Dienst nur dem Schwachen zuschreibt. Das Gottesgebot und die Gerechtigkeit dagegen verbinden und einen; sie führen Menschen und Völker zusammen in dem einen Gebot, in dem einen Guten, dem einen Recht, dieser Anerkennung des einen Gottes.

Leo Baeck

Auf drei Dingen beruht die Welt: auf Recht, Wahrhaftigkeit und Frieden.

Midrasch Sifra zu Lev 26,4.6

20. Dezember

ISRAELS MESSIAS-IDEAL

Israels Messias-Ideal als Grundbestandteil seiner Religion ist das Zukunfts-Ideal, verwirklicht durch die unter Gottes Herrschaft vereinte, ethisch geläuterte Menschheit, da »kein Volk mehr gegen das andere das Schwert erheben wird und nicht mehr Krieg führen erlernen wird; jeder unter seinem Weinstock und unter seinem Feigenbaum sitzt, ohne daß ihn jemand aufschreckt« (Micha 4,3-4).

Ludwig Venetianer

21. DEZEMBER

Der Mensch braucht keine heiligen Stätten

Der Baal Schem Tow sagte: »Der Mensch braucht keine heiligen Stätten für seine Gebete, weder *Synagogen*, noch *Jeschiwot*, noch Tempel. Er kann überall beten, auch unter den Bäumen des Waldes.

Chassidisch

Kawwana ist nicht nur eine Art und Weise des Betens, sondern auch ein Lebensstil.
Es ist der Lebensstil derer, die anerkennen, daß Gott zuerst und vor allem ernsthafte Hingebung erwartet. ...
Es ist der Lebensstil derer, die sich stets der Gegenwart Gottes und der Forderungen Gottes bewußt sind, so daß jede Handlung ihres Lebensweges dem Dienst für Gott gewidmet ist.

John D. Rayner

22. Dezember

Die Laterne

Ein junger Rabbi beklagte sich bei seinem Meister: »Während der Stunden, in denen ich mit dir lerne, fühle ich mich voller Licht und Leben, aber sobald ich allein lerne, verschwindet dieser Gemütszustand. Was soll ich tun?« Der Rabbi antwortete: »Du bist wie ein Mann, der in einer dunklen Nacht durch den Wald geht. Da er Angst vor der Dunkelheit hat, geht er in Begleitung eines Freundes, der eine Laterne hat. Zum Schluß gelangen sie an eine Stelle, an der sich ihre Wege trennen; von dort an müssen sie allein weitergehen. Wenn beide eine Laterne hätten, hätte der erste keinen Grund, die Dunkelheit zu fürchten.«

Chassidisch

Die Fremden, die sich Gott angeschlossen haben

Die Fremden, die sich Gott angeschlossen haben, um Gott anzubeten, die Gottes Namen lieben und die Gott dienen, alle, die den Schabbat vor der Entweihung bewahren, die an meinem Bund festhalten – sie alle werde ich zu meinem heiligen Berg bringen, und ich werde sie in meinem Bethaus mit Freude erfüllen. Ihre Brandopfer und Schlachtopfer finden Gefallen auf meinem Altar, denn mein Haus wird ein Haus des Gebets für alle Völker genannt.

Jesaja 56,1-7

Ich bezeuge bei Himmel und Erde: Sei ein Mensch jüdisch oder nichtjüdisch, Mann oder Frau, versklavt oder frei – auf allen Menschen ruht der Geist Gottes allein nach dem Maß ihrer guten Werke.

Seder Elijahu Rabbah 10

Was machst du hier?

Elia floh in eine Höhle und wollte dort übernachten. Siehe, das Wort Gottes erging an ihn: »Was machst du hier, Elia?« Und er antwortete: »Mit leidenschaftlichem Eifer bin ich für den Ewigen, den allmächtigen Gott eingetreten, weil die Kinder Israels deinen Bund gebrochen haben, deine Altäre zerstört und deine Propheten mit dem Schwert getötet haben. Allein ich bin übriggeblieben. Und auch mir trachten sie nach dem Leben.« Gott sagte: »Komm heraus und stelle dich auf den Berg vor Gott.« Und siehe, Gott ließ einen großen und heftigen Sturm vorüberziehen, der Berge spaltete und Felsen zerbrach. Aber Gott war nicht im Sturm. Nach dem Sturm kam ein Erdbeben. Und Gott war nicht im Erdbeben. Und nach dem Erdbeben kam Feuer. Und Gott war nicht im Feuer. Und nach dem Feuer kam sanftes, leises Geräusch. Und als Elia das hörte, hüllte er sein Gesicht in seinen Mantel, trat hinaus und stand am Eingang der Höhle. Und siehe, eine Stimme erging an ihn: »Was machst du hier, Elia?«

1. Könige 19,9-13

Das ist keine Erneuerung

Zur Zeit des Rabbi Menachem bestieg unbemerkt ein törichter Mann den Ölberg und stieß vom Gipfel aus in die Schofarposaune. Im aufgeschreckten Volk sprang die Kunde um, dies sei das Schofarblasen, das die Erlösung verkündige. Als das Gerücht zu den Ohren Rabbi Menachems kam, öffnete er das Fenster, sah in die Welt hinaus und sprach: »Das ist keine Erneuerung.«

Chassidisch

Nach der Vorstellung des progressiven Judentums ist das Kommen der messianischen Zeit ... nicht ausschließlich vom Eingreifen Gottes abhängig, sondern ein Ziel, bei dessen Erreichen die Menschheit eine aktive Rolle spielt. Folglich wird die Ansicht jener orthodoxen Gruppierungen nicht geteilt, die die Errichtung des Staates Israel durch Menschen für ein Sakrileg halten. Das progressive Judentum unterstützt aber auch nicht die Haltung einiger nationalistischer Kreise, daß der Staat Israel das Allheilmittel für alle jüdischen Probleme sei und seine Errichtung bereits ein neues Zeitalter verkündige. Stattdessen hält es daran fest, daß ein weltweiter Friede das einzige Kriterium ist, nach dem die messianische Zeit beurteilt werden kann, und daß jeder Augenblick, in dem man auf das Kommen dieser Zeit wartet, dazu genutzt werden kann, sie schneller herbeizuführen.

Jonathan A. Romain

Weil wir heute sind, wie wir gestern waren

Rabbi Eliser Lippmann, der Rabbiner von Rozniatov, bedrängte Rabbi Mendel mit der Frage, warum der Messias nicht komme und die von den Propheten verheißene Erlösung nicht erfolge. Rabbi Mendel antwortete: »Es steht geschrieben: ›Warum ist der Sohn Isais nicht gekommen, weder heute noch gestern?‹ In der Frage findest du die Antwort: ›Warum ist er nicht gekommen? Weil wir heute sind, wie wir gestern waren!‹«

Chassidisch

Rabbi Josua ging zu ihm und grüßte ihn: »Friede sei mit dir, Meister und Lehrer!« »Friede sei mir dir, Sohn Levis!« – »Wann wirst du kommen, Meister?« – »Heute.« Später beschwerte sich Rabbi Josua ben Levi bei Elia: »Der Messias hat mich angelogen. Er sagte, daß er heute kommen wird, und er ist nicht gekommen.« Elia aber sprach: »Du hast ihn nicht richtig verstanden. Er hat dir doch Psalm 95,7 zitiert: ›Heute noch – wenn ihr nur auf Seine Stimme hört!‹«

Babylonischer Talmud, Sanhedrin 98a

DU KANNST KEINE DREI MINUTEN LANG OHNE HOFFNUNG LEBEN

Ich habe diese Lektion über den Glauben nicht in einem theologischen Seminar gelernt – das kam viel später –, sondern in einem elenden, kleinen Konzentrationslager in Schlesien, das groteskerweise »Liebe-Rose« genannt wurde. Es war in dem kalten Winter 1944, und obwohl wir keinerlei Kalender hatten, holte mein Vater, der dort mein Mitgefangener war, mich und einige unserer Freunde in eine Ecke in der Baracke. Er verkündigte, es sei der Abend von Chanukka. Er holte eine etwas merkwürdig geformte Tonschale hervor und begann, einen Docht anzuzünden, der in seiner kostbaren, nun geschmolzenen Margarine-Ration lag. Bevor er den Segen sprechen konnte, protestierte ich gegen eine derartige Verschwendung von Lebensmitteln. Er schaute zu mir, dann zu der Lampe, und schließlich sagte er: »Du und ich, wir haben gesehen, daß es möglich ist, bis zu drei Wochen ohne Nahrung zu leben. Einmal haben wir fast drei Tage ohne Wasser gelebt. Aber du kannst keine drei Minuten lang ohne Hoffnung leben!«

Hugo Gryn

Wenn die Hoffnung aufhört, ist das Leben zu Ende

Wenn die Hoffnung aufhört, ist das Leben tatsächlich oder potentiell zu Ende. Die Hoffnung ist ein dem Leben innewohnendes Element. Sie ist Ausdruck der Dynamik des menschlichen Geistes. Sie steht in engem Zusammenhang mit einem anderen Element des Lebens: mit dem Glauben. Der Glaube ist nicht eine schwache Form des Fürwahrhaltens oder des Wissens. Es geht nicht um den Glauben an dieses oder jenes. Glauben heißt, von etwas noch nicht Bewiesenem überzeugt zu sein, ist ein Wissen um die realen Möglichkeiten, bedeutet sozusagen, einer »Schwangerschaft« gewahr werden. Glaube ist dann rational, wenn es sich dabei um das Wissen um das Wirkliche, aber noch Ungeborene handelt. Es gründet sich auf ein Wissen und Verstehen, das unter die Oberfläche dringt und den Kern wahrnimmt. Der Glaube ist wie die Hoffnung keine Voraussage der Zukunft; er ist vielmehr die Vision der Gegenwart im Zustand der Schwangerschaft.

Erich Fromm

Ich will zurückschauen auf das vergangene Jahr

Ich will zurückschauen auf das vergangene Jahr und mich an all das Gute erinnern, das es gebracht hat: Ich denke an die Freundschaften, die entstanden sind, die Witze, die ich gehört und erzählt habe. Ich denke an die Momente, in denen ich Dummen mit Gelassenheit begegnen konnte und den Leuten, die mich verärgert haben oder undankbar waren. Ich denke an die Momente, in denen sie mir mit Gelassenheit begegnen konnten. Ich denke an die Gelegenheiten, in denen die Größe meines eigenen Mutes und meiner Großzügigkeit mich selbst und andere überrascht hat. Ich denke an die Zeiten, in denen ich es gewagt habe, über mich selbst nachzudenken und festgestellt habe, daß ich allein sein kann. Ich denke an alles, was spontan und unberechenbar in mir war, wo es schien, als entdeckte ich die Unschuld der Kindheit wieder. Ich denke an die Krankheiten, vor denen ich bewahrt geblieben bin, die Katastrophen, die niemals eingetreten sind, und meine Sorge über Dinge, die nie geschehen sind. Ich denke an die Augenblicke, in denen ich wußte: Ich habe eine Seele.

Lionel Blue

Der Ewige behüte dich

Unser Leben ist wie ein Fluß, doch wir wissen nicht, wohin es uns führt und wo es endet. ... Möge das neue Jahr Gutes für uns bringen, für uns, unsere Familien und die Menschen um uns herum. Die Verletzungen und Fehler, die wir letztes Jahr begangen oder erfahren haben, mögen sich nicht wiederholen. Die Gedankenlosigkeit und die Selbstsucht, durch die sie geschahen, mögen nicht wiederkehren. Unsere Seelen mögen erfrischt werden. Laß uns dem neuen Jahr froh und zuversichtlich entgegensehen.

Jonathan A. Romain

Der Ewige behüte dich vor allem Bösem. Er behüte deine Seele. Der Ewige behüte deinen Ausgang und Eingang von nun an bis in Ewigkeit.

Psalm 121, 7-8

31. Dezember

Glossar zu den zitierten Schriften und zu benutzten Begriffen in den Texten

Aschkenasim: Bez. für Juden aus Zentral- und Osteuropa.
Awot de Rabbi Nathan: Kommentar zu den Sprüchen der Väter (»Pirke Awot«) von Rabbi Nathan, vermutl. im frühen 3. Jh. entstanden.
Baal Schem Tow: Hebr. für »Träger eines gutes Namens«. Israel ben Eliëser (1700-1760), Gründer der chassidischen Bewegung.
Babylonischer Talmud: Sammlung von rabbinischen Kommentaren über die Mischna aus der Zeit zwischem dem 2. und 5. Jh. d.Z, die in Babylonien redigiert wurde. Der babylonische Talmud wurde die Grundlage für die jüdische religiöse Praxis in der ganzen Welt. Man zitiert ihn nach dem Blatt des betreffenden kommentierten Mischna-Traktates mit der Angabe der Vorder- oder Rückseite (a oder b). Siehe auch zu »Mischna«.
Bibel: Griech. »Buch«; Bez. für die Sammlung von Heiligen Schriften, die die Grundlage des Judentums und des Christentums bilden. Sie besteht aus der Tora, den Büchern der Propheten und den poetischen Schriften. Die ältesten Texte stammen vermutlich aus dem 10./11. Jh. v.d.Z., die jüngsten aus dem 2. Jh. v.d.Z.
Böser Trieb: Bez. der rabbinischen Psychologie für die beiden Triebe im Menschen, den Trieb zum Guten und dem Trieb zum Bösen. Der »böse Trieb« ist nicht per se schlecht, sondern es ist die Leidenschaft in allen menschlichen Aktivitäten, die auch zum Guten und Heiligen gelenkt werden kann.
Buch des Lebens: Ein Buch, in das Gott die Taten der Menschen aufgezeichnet; vgl. bereits Jes 65,6; Mal 3,16; Dan 7,10.
Chafez Chajim: Ein nicht erhaltener Midrasch, der durch Zitate bei Maimonides bekannt ist.
Chanukka: Ein jüdisches Fest, an dem die Wiedereinweihung des Tempels durch die Makkabäer 167 v.d.Z. gefeiert wird und das Überleben des jüdischen Glaubens trotz aller Versuche, ihn zu zerstören.
Chassid; Pl.: Chassidim: Hebr. »Frommer«, Angehöriger einer jüdischen Gruppe, die Ende des 18. Jh. in Osteuropa als Erneuerungsbewegung entstand. Heute Teil der Ultraorthodoxie.
Chassidisch: Von den Vätern des osteuropäischen Chassidismus im 18. Jh, siehe »Chassid«.
Diaspora: Griech.: »Zerstreuung«, jedes Land, in dem Juden außerhalb Israels leben.
Gates of Prayer: Titel des Siddurs der amerikanischen Reformgemeinden.
Halacha: Das Wort bedeutet wörtlich übersetzt: »Wandel«. Es bezeichnet das jüdische Gesetz, das sich auf Bibel und Tradition gründet.
Hillel: Rabbinischer Gelehrter aus der Zeit des 1. Jh. v.d.Z. – 1. Jh. d.Z. Eine der größten rabbinischen Autoritäten.
Hohe Feiertage; Hohe Tage: Oberbegriff für das jüdische Neujahrsfest (Rosch ha-Schana) und den zehn Tage später stattfindenden Versöhnungstag (Jom Kippur) im Sep/Okt.
Höre Israel: siehe »Schma«.
Jabne: Stadt in der Küstenebene Israels, die im 1. und 2. Jh. d.Z. das Zentrum des rabbinischen Judentums war.
Jerusalemer Talmud: Sammlung von rabbinischen Kommentaren über die Mischna, die in Palästina um 400 d.Z. redigiert wurde.
Jeschiwot, Sg.: Jeschiwe: Schule zum Studium von Tora und Talmud.
Kawwana: Das Wort bedeutet wörtlich übersetzt: »Absicht, Andacht«. Es wurde der Fachbegriff für eine konzentrierte Haltung während des Gebets und einer Gebotserfüllung.
Kol Haneshamah: Titel des Siddurs der rekonstruktionistischen Gemeinden Amerikas.
Kruzifix: Plastische Darstellung von Jesus am Kreuz.
Liturgie: Die jüdische Liturgie besteht aus einigen, immer wiederkehrenden Stammgebeten und verschiedenen spezifischen Elementen für die Tageszeiten und Feste. Sie enthält Bibel- und Talmud-Zitate, mittelalterliche Dichtungen und moderne, neue Gebete.
Mahl: Biblische und rabbinische Vorstellung, daß es in der kommenden Welt ein großes Festmahl geben wird.
Mechilta: Rabbinische Auslegung zum Buch Exodus, vor allem über praktisch-religiöse Fragen, vermutlich in der 2. Hälfte des 3. Jh. d.Z. entstanden.
Menora: Bez. für den siebenarmigen Leuchter im Tempel sowie für Nachbildungen dieses Leuchters.

Messianische Zeit: Friedenszeit, in der nur noch Gottes Wille geschieht.
Messias: (siehe auch die Erklärung am 28.05.) Eine Gestalt, die die messianische Zeit herbeibringen wird.
Mesusa: Ein kleiner Behälter mit dem Text von Dtn 6,4-9, der sich in jüdischen Haushalten an den Türrahmen befindet.
Midrasch: Rabbinische Bibelauslegung. Sie versucht, den Text für die jeweilige Gegenwart interessant bzw. aktuell zu machen.
Midrasch Awkir: Dieses mittelalterliche Werk – eine genaue Datierung ist nicht möglich – ist nicht erhalten, aber aus Zitaten im Jalqut und in anderen Schriften bekannt.
Midrasch Deuteronomium Rabba oder *Dewarim Rabba:* Auslegungen zu Texten des Buchs Deuteronomium; seine Texte wurden zwischen 450 und 800 d.Z. verfaßt.
Midrasch Exodus Rabba oder *Schemot Rabba:* Auslegungen zu Texten des Buches Exodus, im 10. oder 11. Jh. d.Z. verfaßt.
Midrasch Genesis Rabba oder *Bereschit Rabba:* Auslegungen zu Texten des Buchs Genesis, vermutl. in der ersten Hälfte des 5. Jh. redigiert.
Midrasch Kohelet Rabba: Auslegung über das Buch Kohelet, im 8. Jh. d.Z. in Palästina entstanden.
Midrasch Levitikus Rabba oder *Wajikra Rabba:* Auslegungen zu Texten des Buchs Levitikus, um 400 – 500 in Palästina entstanden.
Midrasch Numeri Rabba oder *Bamidbar Rabba:* Auslegungen über das Buch Numeri, im 9. – 13. Jh. d.Z. entstanden.
Midrasch Pesikta de Raw Kahana: Predigten zu den Festtagslesungen von Raw Kahana, vermutl. aus dem 5. Jh. d.Z.
Midrasch Pesikta Rabbati: Predigten zu den Festtagslesungen. Der Midrasch enthält Texte aus dem 3. – 9. Jh. d.Z.
Midrasch Schir ha-Schirim: Auslegung über das Hohe Lied, vermutlich aus dem 11. Jh. d.Z.
Midrasch Sifra: Auslegungen zu Texten des Buchs Levitikus aus der 2. Hälfte des 3. Jh. d.Z.
Midrasch Sifre Deuteronomium: Hauptsächlich Auslegungen zu Gesetzen im Buch Deuteronomium, im späten 3. Jh. entstanden.
Midrasch Tanchuma: Sammlung von Predigten über Texte der Tora, entstand vermutl. um 400 d.Z.
Midrasch Tanna debe Elijahu: Erbauungschrift, die zum rechten Lebenswandel ermahnt und das Torastudium verherrlicht. Zwischen dem 6. und 9. Jh. d.Z. entstanden.
Midrasch Tehillim: Auslegungen zu den Psalmen. Der Midrasch enthält Texte aus dem 3. – 13. Jh. d.Z.
Mischna: Schriftliche Fixierung von Rechtsmaterialien der mündlichen Tradition, die im 2. Jh. d.Z. gesammelt wurden. Die Materialien sind in sechs Ordnungen unterteilt, jede Ordnung wiederum in einzelne Traktate. Die Mischna enthält insg. 63 Traktate, zu denen später ein Kommentar verfaßt worden ist, die sog. Gemarra. Mischna und Gemarra bilden zusammen den Talmud.
Noachitische Gebote: 7 Gebote, die nach jüd. Aufassung als eine Art »Naturrecht« von allen Menschen verlangt werden müssen.
Pessach-Haggada: Liturgie für das Pessachfest, das an die Befreiung aus der Versklavung in Ägypten erinnert.
Phärisäer: Jüdische Laienbewegung, die vermutlich im 2. Jh. v.d.Z. entstand. Nach der Tempelzerstörung im Jahr 70 d.Z. setzte sich eine gemäßigte Richtung dieser Bewegung durch und prägte das rabbinische Judentum.
Progressives Judentum: Jüdische Bewegung, die im 19. Jh. in Deutschland entstand und die Gedanken der Aufklärung mit der traditionellen jüdischen Tradition verband. Heute weltweit die größte praktizierende Gruppe des Judentums.
Raban; Pl.: Rabbanan: Titel eines Gelehrten aus Jabne.
Rabbi: Titel eines chassidischen religiösen Führers.
Rabbiner: Seit dem Mittelalter Titel des Halacha-Experten, Richters und z.T. auch Predigers einer jüdischen Gemeinde. Im progressiven Judentum übernimmt er auch seelsorgerliche und administrative Pflichten, ähnlich wie christliche Geistliche.
Raw: Titel eines babylonischen Gelehrten.
Sabbat: Griech. für »Schabbat« (siehe dort).
Sadduzäer: Jüdische Gruppe zur Zeit des zweiten Tempels.
Sassower: Rabbi Mosche Löb aus Sasow.
Schabbat: Der Ruhetag, der am Freitagabend beginnt.
Schammai: ca. 50 v.d.Z. – 30 d.Z., Gegner Hillels, entschied meist strenger als er.
Schma: Ein aus drei Bibeltexten bestehendes Gebet (Dtn 6,4-9; 11,13-21; Num 15,37-41), das in allen Morgen- und Abendgottesdiensten gebetet wird.

Schulchan Aruch: Hebr. »Gedeckter Tisch«, Titel eines Werkes aus dem 16. Jh. d.Z., in dem die Hauptpraktiken des jüdischen Gesetzes zusammengefaßt wurden. Durch den entstehenden Buchdruck verbreitetes es sich schnell. Es wurde als definitive Festlegung anerkannt und diente dazu, verschiedene Bräuche zu normieren.

Schuschan: Auch »Susa«; Hauptstadt des persischen Reichs, Schauplatz der Estergeschichte.

Schwat: Elfter Monat des jüdischen Kalenders, Jan./Febr.

Seder ha-Tefillot: Gebetbuch der progressiven jüdischen Gemeinden im deutschen Sprachraum.

Sephardim: Bezeichnung für Juden von der spanischen Halbinsel und dem Mittelmeerraum.

Sirach: Jüdische Schrift, zwischen 190-170 v.d.Z. in hebräisch verfaßt, dann jedoch vor allem im griechischen Bibelkanon überliefert.

Sprüche der Väter: Hebr.: Pirke Awot, Traktat der Mischna bzw. Teil des Gebetbuchs. Er beinhaltet eine Sammlung rabbinischer Lebensweisheiten und gilt als Quintessenz der religiösen und vor allem ethischen Anschauungen des rabbinischen Judentums. Die Zitat-Angaben in diesem Buch beziehen sich auf die Version der Liturgie.

Synagoge: Griech. »Versammlung«, Bez. für den Versammlungsort der Gemeinde zum Beten, Lernen und Feiern.

Tora: Hebr. »Weisung«, Bez. für die fünf Bücher Mose. Griech.: »Pentateuch«.

Tikkun Olam: »Vervollkommnung der Welt«. Das Bemühen, die Welt wieder in den Zustand der Harmonie zu bringen, den sie im Garten Eden hatte.

Tobit: Jüdisches Erbauungsbuch, vermutl. um 200 v.d.Z. entstanden. In Qumran wurden aramäische und hebräische Fragmente dieser Schrift gefunden.

Zaddik: »Gerechter«, Idealtypus eines Gerechten und Frommen, der toragemäß lebt.

Zedaka: »Gerechtigkeit«, im Judentum allg. Bezeichnung für Wohltätigkeit.

Zion: Geographisch die Anhöhe des Tempelberges, symbolisch religöse Bezeichnung für Jerusalem und Israel.

Stichwortregister

Autorenregister

Stellenregister

a) Bibel

b) Mischna und Talmud

c) Sonstige rabbinische Literatur

Auswahl nach Wochenabschnitten und zu jüdischen Festen

Unsere Texte können sinnvoll den einzelnen Wochenabschnitten des jüdischen Lesejahres zugeordnet werden. Wir folgen einer Anregung aus dem Gebetbuch der *Union of Liberal and Progressive Synagogues of Great Britain*, *Siddur Lev Chadash*, wenn wir nachfolgend eine solche thematische Zuordung vornehmen.

Wir geben den hebräischen und deutschen Namen des Wochenabschnittes an und die Textabgrenzung nach dem einjährigen Lesezyklus. Danach folgt unser Themenvorschlag und das Bibelzitat, auf dem er sich gründet. Schließlich geben wir alle Texte an, die in diesem Buch zum jeweiligen Thema aufgeführt werden.

Eine solche thematisch ausgerichtete Textauswahl kann als Studienabschnitt am jeweiligen Schabbat benutzt werden: z.B. am Vorabendgottesdienst als Textlesung z.B. vor *Bar'chu* oder vor dem *Alenu*-Gebet. Am Eingang des Morgengottesdienstes bietet sich unser Vorschlag als Hinführung zur Toralesung in den jeweiligen Studienabschnitten an (*Seder ha-Tefillot*, S. 72 oder S. 80). Schließlich läßt sich daraus auch ein Schiur für Schabbat-Nachmittag entwickeln.

Bereschit (Im Anfang) **Genesis 1,1-6,8**
Schöpfung Gen 1-3.31; 03.01. unten; 10.01.; 16.01.; 17.01.; 18.01.; 19.01.unten; 20.01.; 21.01.; 22.01.; 23.01.; 31.01.; 03.03. unten; 06.05.; 08.05.; 18.06.; 17.08. unten.
Noach (Noah) **Genesis 6,9-11,32**
Bewahrung Gen 9,8-10.12.14f; 03.01.; 07.01.; 12.01.; 13.01.; 26.01.; 29.01.; 02.02.; 14.05. unten; 15.05.; 04.06; 06.08.; 13.10.; 31.10.; 26.12.
Lech Lecha (Auf, zieh los!) **Genesis 12,1-17,27**
Bund Gen 17,1f; 24.01. unten; 11.02.; 22.03.; 16.05. unten; 21.05.; 22.05.; 07.10; 23.06.; 21.11.; 05.12.
Wajera (Und es erschien) **Genesis 18,1-22,24**
Theodizee Gen 18,23.25; 16.03.; 06.04.;07.04.; 10.04.; 11.04.; 15.06.; 13.07.; 02.09.; 20.10.; 21.10.; 04.11.; 24.11
Chaje Sara (Lebenszeit Saras) **Genesis 23,1-25,18**
Trost Gen 24,67; 02.01.; 07.01.; 31.01.; 03.06.; 18.09.; 26.10.; Nov. Deckblatt; 30.11.; 02.12. (unten).
Toledot (Generationenfolge) **Genesis 25,19-28,9**
Älter Werden Gen 27,2; 06.01.; 08.02.; 07.04.; 12.04.; 04.09.; 17.01.; 11.11.
Wajeze (Und er zog aus) **Genesis 28,10-32,3**
Ehrfurcht Gen 28,16f; 03.05.; 18.05.; 26.05.; 10.07.; 20.09.
Wajischlach (Und er sandte aus) **Genesis 32,4-36,43**
Jüdische Identität Gen 32,29; 11.01.; 17.01.; 18.01.; 24.01.; 05.02.; 06.02.; 11.02.; 22.03.; 23.03.; 28.03.; 16.05. unten; 21.05.; 22.05.; 22.07.; 14.09 unten; 06.11.; 10.11.; 15.11.; 16.11.; 21.11.; 22.11.; 25.11.; 25.11.; 26.11.; 27.11.
Wajeschew (Und er wohnte) **Genesis 37,1-40,23**
Die Menschheitsfamilie Gen 37,16; 22.01.; 11.02.; 21.02.; 15.03.; 16.03.; 09.04.; 04.06.; 25.08.; 18.10.; 30.10.; 24.11.
Mikez (Nach Ablauf von ...) **Genesis 41,1-44,17**
Macht Gen 41,40; 08.02.; 20.02.; 12.02.; 13.02.; 12.05.; 10.08.; 11.08.; 12.08.; 24.11.; 09.12. unten; 20.12.
Wajigasch (Und er näherte sich) **Genesis 44,18-47,27**
Der Lebensweg Gen 47,9; 11.01.; 12.01.; 13.01.; 14.01.; 18.01.; 25.01.; 09.02.; 11.02.; 21.02.; 29.02.; 02.03.; 03.03.; 02.04.; 07.04.; 13.05.; 05.06.; 22.06.; 21.07.; 10.08.; 03.09.; 17.11.
Wajechi (Und er lebte) **Genesis 47,28-50,26**
Versöhnung Gen 50,17; 01.03.; 13.03.; 14.03.; 15.03.; 20.03.; 10.06.; 29.07.; 11.08.; 07.09.; 11.09.; 19.09.; 05.12.; 06.12.; 07.12.; 08.12.; 09.12.; 10.12.; 11.12.; 12.12.; 16.12.
Schemot (Namen) **Exodus 1,1-6,1**
Allgegenwart Gottes Ex 3,2-4; 17.01.; 02.04.; 05.04.; 06.04.; 10.04.; 11.04.; 05.05.; 06.05.; 25.05.; 26.05.
Wa'era (Und ich erschien) **Exodus 6,2-9,35**
Erlösung Ex 6,6f; 07.01.; 04.04.; 05.04.; 06.04.; 12.04.; 13.04.; 14.04.; 15.04.; 16.04.; 28.10. unten; 31.10.; 26.12.; 27.12.

Bo (Geh hinein) **Exodus 10,1-13,16**
Gemeinde Ex 10,9; 10.03. unten; 12.04. Mitte; 17.04.; 25.05.; 24.08.; 25.08.; 05.12.
Beschalach (Als er aussandte) **Exodus 13,17-17,16**
Glaube Ex 14,9-11; 14.01.; 09.02.; 04.04.; 17.04.; 18.04.; 20.04.; 21.04.; 22.04.; 24.04.; 26.04.; 27.04.; 30.04.; 22.05.
Jitro (Jitro) **Exodus 18,1-20,23**
Die jüdische Aufgabe Ex 19,6; 12.05.; 25.05.; 01.06.; 02.06.; 03.06.; 05.06.; 06.06.; 08.06.; 10.06.; 11.06.; 25.07.; 10.09.; 27.11.; 16.12.
Mischpatim (Rechtsanweisungen) **Exodus 21,1-24,18**
Soziales Verhalten Ex 23,2; 10.02.; 26.02.; 04.03.; 16.03.; 18.03.; 19.03.; 12.05. unten; 26.07.; 30.07.; 13.08.; 17.08.; 18.08.; 21.10.; 09.12.
Teruma (Opfergabe) **Exodus 25,1-27,19**
Gottesdienst Ex 25,8; 18.03. Mitte; 11.04.; 26.05.; 29.05.; 30.05.; Jul. Deckblatt unten; 21.07.; 28.08.; 15.09.; 16.09.; 17.09.; 26.09. unten; 22.12.; 24.12.
Tezawe (Du sollst befehlen) **Exodus 27,20-30,10**
Licht Ex 27,20; 17.05.; 19.06. unten; 04.08. unten; 04.09. unten; Dez. Deckblatt; 01.12.; 02.12.; 03.12.; 04.12.; 19.12.; 23.12.
Ki Tissa (Wenn du erhebst) **Exodus 30,11-34,35**
Suche nach Gott Ex 33,18; 25.03.; 26.03.; 27.03.; 28.03.; 02.04.; 03.05. unten; 13.05.; 27.05. unten; 03.06.; 29.06.; 07.07. unten; 13.07.; 20.09.; 21.09.; 23.09.; 20.11.
Wajakhel (Und er versammelte) **Exodus 35,1-38,20**
Schabbat Ex 35,2; 22.02.; 29.05.; 22.07.; 17.11. unten; 27.11.; 28.11.

Pekude (Zählungen) **Exodus 38,21-40,38**
Kontinuität und Wandel Ex 40,36; 05.01.; 04.01.; 08.01.; 13.01.; 29.01.; 06.02. unten; 20.09.; 21.09.; 22.09. unten; 12.11.; 18.11.; 19.11.; 20.11.; 22.11. oben.
Wajikra (Und er rief) **Levitikus 1,1-5,26**
*Ehrlichkeit Lev 5,20-26;*17.03.; 01.06.; 01.08.; 02.08.; 03.08.; 11.07.; 12.07.; 13.07.; 14.07.; 23.07.; 24.07.; 26.07.; 20.07.; 30.07.; 31.07. Aug. Deckblatt
Zaw (Befiehl!) **Levitikus 6,1-8,36**
Loyalität zu Gott Lev 6,6; 15.01.; 24.03.; 29.03.; 30.03.; 31.03.; 01.04.; 28.04.; 07.07.; 09.07.; 26.08.; 31.10.
Schemini (Am achten ...) **Levitikus 9,1-11,47**
Heiligkeit im Umgang mit Tieren Lev 11,44; 21.05.; 20.06.; 15.06.; 17.06. unten; 09.07. oben; 13.08.; 03.10. unten; 19.12.
Tasria (Sie wird schwanger) **Levitikus 12,1-13,59**
Krankheit Lev 13,2; 07.01.; 11.03.; 06.04.; 07.04.; 23.04.; 18.11.
Mezora (Aussätziger) **Levitikus 14,1-15,33**
Gesundheit Lev 14,1; 21.01.; 23.01.; 08.02.; 09.02.; 14.02.; 24.02.; 25.02.; 02.03.
Achare Mot (Nach dem Tod von) **Levitikus 16,1-18,30**
Leben und Tod Lev 18,5; 21.02.; 24.04.; 14.05.; 15.05. unten; 16.05.; 10.06.; 11.06.; 31.08.; Okt. Deckblatt; 10.10.; 13.10.; 16.10.; 22.10.; 04.12.
Kedoschim (Heilige) **Levitikus 19,1-20,27**
Nächstenliebe Lev *19,18;* 21.02.; 26.02.; 01.03.; 04.03.; 13.03.; 14.03.; 15.03.; 20.03.; 21.03.; 09.04.; 12.05. unten; 05.06.; 09.07.; 01.08.; 11.08.; 07.09.; 11.09.; 12.09. unten; 19.09.; 11.11.
Emor (Sprich!) **Levitikus 21,1-24,23**
Heiligung der Zeit Lev 23,2; 21.02.; 10.03.unten; 28.01.; 14.04.; 25.05.; 16.07.; 24.08.; 26.10.; 19.11.; 05.12.
Behar (Auf dem Berg) **Levitikus 25,1-26,2**
Freiheit Lev 25,10; Apr. Deckblatt unten; 02.04.; 03.04.; 12.04. oben; 14.04.; 15.04.; 16.04.; 20.04.; 21.04.; 24.04.; 30.04.; 28.09.; 03.12.
Bechukotaj (In meinen Satzungen) **Levitikus 26,3-27,34**
Wohlstand Lev 26,3-6; 15.02.; 16.02.; 17.02.; 22.02.; 23.02.; 24.02.; 25.02.; 17.10.; 11.11.
Bemidbar (In der Wüste) **Numeri 1,1-4,20**
Erfahrung in der Wüste Num 1,1; März Deckblatt unten; 21.04.; 27.04. unten; 01.05.; 02.05.; 03.05.; 20.06.; 08.10.
Nasso (Erhebe!) **Numeri 4,21-7,89**
Friede Num 6,26; 05.02. unten; 21.02.; 10.06. oben; Dez. Deckblatt Mitte; 05.12.; 06.12.; 07.12.; 08.12.; 09.12.; 10.12.; 11.12.; 12.12.; 16.12.; 20.12.
Beha'alotcha (Wenn du anzündest) **Numeri 8,1-12,16**
Vorurteile Num 12,1; 22.01. unten; 05.02. unten; 29.02. oben; 04.03. Mitte; 18.03.; 09.04.; 18.08.; 24.09.;
Schelach Lecha (Sende!) **Numeri 13,1-15,41**
Zweifel Num 14,1-4; 06.01. unten; 07.01.; 21.04. oben; 25.03.; 27.04.; 14.09.; 17.09.; 21.09.; 20.11.; 30.11.
Korach (Korach) **Numeri 16,1-18,32**
Streit Num 16,3; 14.03.; 15.03.; 13.06.; Aug. Deckblatt; 20.08. Mitte; 25.08.; 14.12.; 15.12.
Chukat (Satzung von ...) **Numeri 19,1-22,1**
Umkehr Num 21,7; 11.09.; 12.09. Mitte; 14.09.; 30.09. Mitte u. unten; 07.10.; 10.10.; 12.10.; 13.10.; 14.10.; 15.10.; 16.10.; 19.10.; 22.10.; 23.10.

Balak (Balak) **Numeri 22,2-25,9**
Israels Lehrhäuser Num 24,5; 16.05.; 17.05.; 24.05.; 25.05.; Jun. Deckblatt; 05.06.; 12.06.; 13.06.; 14.06.; 15.06.; 30.06.; 16.07.; 19.07.; 27.08.
Pinchas (Pinchas) **Numeri 25,10-30,1**
Toleranz Num 27,16f; 22.01.; 05.02.; 19.05.; 21.05.; 05.06.; 12.07. unten; 30.10.; 31.10.; 02.12. Mitte; 24.12.
Matot (Stämme) **Numeri 30,2-32,42**
Kinder Num 32,16; 21.02.; 21.08.; 22.08.; 23.08.; 05.11.
Mase (Tagesmärsche) **Numeri 33,1,1-36,13**
Jüdische Geschichte Num 33,1; 27.01.; 04.02.; 09.04.; 18.04.; 19.04.; 20.06.; 26.04.; 05.11.; 08.11.; 10.11.; 28.12.
(Siehe auch die Studieneinheit zu Num 33 in Seder ha-Tefillot Band I, S. 255-257.)
Dewarim (Worte) **Deuteronomium 1,1-3,22**
Leitung Dtn 1,13; 22.01.; 11.02.; 12.02.; 13.02.; 14.03.; 15.03.; 27.05.; 01.08.; 07.08.; 10.08.; 11.08.; 12.08.; 15.08.; 16.08.; 19.08. 25.08.; 26.08.; 18.10.; 24.11.; 25.11.; 09.12. unten; 20.12.

Waetchanan (Und ich flehte um Gnade) **Deuteronomium 3,23-7,11**
Höre Israel Dtn 6,4 04.03.; 23.03.; 24.03.; 07.05.; 08.05.; 09.05.; 10.05.; 11.05.; 07.06.; 09.07.

Ekew (Weil ...) **Deuteronomium 7,12-11,25**
Das Land Israel Dtn 8,7-10; 04.05.; 11.05.; 10.06.; 24.06.; 16.12.; 17.12.; 18.12.
(Als Studientexte zum Thema eignen sich auch die Zitate [eingerückter Druck] in: J.A. Romain; W. Homolka, Progressives Judentum. Leben und Lehre, München 1999, S. 286-295.)

Re'eh (Sieh!) **Deuteronomium 11,26-16,17**
Abgeben Dtn 15,7.10; 11.02. unten; 14.02.; 21.02.; 26.02.; 27.02.; 28.02.; 02.03.; 19.03.; 29.08.; 30.08.; 26.09.

Schoftim (Richter) **Deuteronomium 16,18-21,9**
Gerechtigkeit Dtn 16,20; 13.03.; 04.06.; 19.06. oben; 01.08.; 14.08.; 15.08.; 16.08.; 17.08.; 18.08.; 20.12. unten;

Ki Teze (Wenn du ausziehst) **Deuteronomium 21,10-25,19**
Liebe Dtn 24,5; 22.01. Mitte; 21.02.; März Deckblatt; 01.03.; 03.03.; 04.03.; 05.03.; 06.03.; 07.03.; 08.03.; 09.03.; 10.03.; 11.03; 12.05. unten; 18.05. unten; 14.12.

Ki Tawo (Wenn du heimkommst) **Deuteronomium 26,1-29,8**
Freude Dtn 26,11; Freude 09.02.; 22.02.; 24.02.; 25.02.; 18.05 unten; 22.07.; 17.11.; 28.11 oben.

Nizawim (Ihr steht) **Deuteronomium 29,9-30,20**
Das Wesen des Menschen Dtn 30,15; 05.01.; 12.01.; 21.01.; 25.01.; 26.01. unten; 08.02. unten; 02.03.; 07.04.; 16.06.; 21.06.; 14.07.; 15.07.; 02.09.; 04.09.; 04.10.; 05.10.; 02.11.; 03.11.; 04.11.; 06.11.; 07.11;

Wajelech (Und er ging) **Deuteronomium 31,1-30**
Zuversicht Dtn 31,8; 02.01.; 07.01.; 31.01.; 05.04.; 14.05.; 03.06.; 18.09.; 26.10. unten; Nov. Deckblatt Mitte; 08.11.; 30.11.; 02.12. unten; 30.12.; 31.12.

Ha'asinu (Hört!) **Deuteronomium 32,1-52**
Wahrheit Dtn 32,4; 03.05. unten; 24.05.; 24.06.; 29.07.; 30.07.; 31.07.; 24.10.; 03.12.; 04.12.; 12.12.; 14.12.; 20.12.

Rosch ha-Schana (1. Tischri)
Jan Deckblatt; 01.01.; 03.01.; 08.01.; 18.01.; 19.01.; 21.01.; 22.01.; 27.05 (unten).; 13.07.; 20.06.; 21.06.; 22.06.; 08.07.; Sept.; 13.09.; 05.11.

Jom Kippur (10. Tischri)
16.01.; 17.01.; 11.01.; 30.05.; 26.05.; 23.06.; 25.06.; 26.06.; 27.06.; 28.06.; 29.06.; 30.06.; 06.07.; 07.07.; 10.07., 13.07., 28.08.; alle Texte im Sep. und Okt.

Sukkot (15.-22. Tischri)
02.01.; 06.01.; 29.10. Siehe im Stichwortregister zu »Vergänglichkeit«, »Natur«, »Identität«, »Nichtjuden«.

Schmini Azeret/Simchat Tora (22. Tischri)
14.05.; 11.06. (unten); 12.06. Siehe im Stichwortregister unter »Thora«.

Chanukka (25. Kislew)
04.02.; 02.12.; 28.12. Siehe auch im Stichwortregister zu »Licht«.

Tu bi-Schwat (15. Schwat)
Siehe im Stichwortregister zu »Baum«; »Israel«.

Purim (14. Adar)
Febr. Deckblatt; 04.02.; 07.02. Siehe im Stichwortregister zu »Bosheit«; »Reichtum«; »Genuß«; »Mächtige«.

Pessach (15.-21. Nisan)
29.01.; 24.03.; alle Texte im März und Apr., bes.: 04.04.; 13.04.; 16.04.; 17.04.; 18.04.; 21.04.; 22.04.; 25.04.; 30.04. Siehe auch im Stichwortregister zu »Freiheit«, »Versklavung«.

Jom ha-Schoah (27. Nisan)
27.01.; 09.04.; 19.04.; 20.06.; 24.09.;25.09.; 05.11.; 06.11.; 08.11.; 09.11.; 10.11.; 28.12.

Jom ha-Azma'ut (5. Ijjar)
Siehe im Stichwortregister zu »Israel«. Als Studientexte eignen sich auch die Zitate (eingerückter Druck) in: J.A. Romain; W. Homolka, Progressives Judentum. Leben und Lehre, München 1999, S. 286-295.

Schawuot (6. Siwan)
12.05.; 16.05.; 17.05.; 18.05.; 21.05.; 12.06.; 13.06.; 14.06.; 15.06.; 17.06.; 18.06. Siehe auch zu »Tora«, »Lernen«.

QUELLENVERZEICHNIS

Die Zählung der »Sprüche der Väter« erfolgt nach der Version in der Liturgie.
Die Bibelzitate stammen aus den Übersetzungen von Mendelssohn, Zunz, Tur Sinai und Seder ha-Tefillot.

Januar *Liturgie:* Seder ha-Tefillot I (01.01.), 179.
Liturgie: Seder ha-Tefillot I (01.01.), 53.

01. 01 *Liturgie*: Seder ha-Tefillot. Das jüdische Gebetbuch. Hg. von J. Magonet in Zusammenarbeit mit W. Homolka; Übersetzung: A. Böckler; Band I: Gebete für Schabbat, Wochentage und Pilgerfeste, Gütersloh 1997, 179.
L. Blue: zitiert aus: Seder ha-Tefillot. Das jüdische Gebetbuch. Hg. von J. Magonet in Zusammenarbeit mit W. Homolka; Übersetzung: A. Böckler; Band II: Gebete für die Hohen Feiertage, Gütersloh 1997, 161.

02. 01. *M.E. Kuh*: Hinterlassene Gedichte 1792, zitiert aus: Tannenbaum, E.; Fraenkel, E., Philo Zitaten-Lexikon, Worte von Juden für Juden, Berlin 1936, 124.
R. Varnhagen: Tagebuch 15.7.1821, in: Hinterlassene Gedichte 1792, zitiert aus: A.a.O. (02.01.), 150.

03. 01. *Liturgie*: Seder ha-Tefillot II (01.01.), 252.
L. Börne, Fragmente und Aphorismen Nr. 121, zitiert aus: A.a.O. (02.01.), 125.

04. 01. *Liturgie*: Seder ha-Tefillot I (01.01.), 123.

05. 01. *E. Auerbach*, Die Prophetie 1929, 67, zitiert aus: A.a.O. (02.01.), 108.
F. Lewald, »Gefühltes und Gedachtes«, 283, zitiert aus: A.a.O. (02.01.), 151.
Y. Menuhin, Faszination 181, zitiert aus: N. Lechleitner (Hg.), Worte zum Leben, Verlag Herder, Freiburg

06. 01. *Nachman von Braclaw*, zitiert nach M. Buber, Die Chassidischen Bücher, Schokken Publishing House Ltd., Tel Aviv, S. 33.
Chassidisch, zitiert aus: D. Lifschitz, Auf drei Säulen ruht die Welt-Lebenswissen der Chassidim, Verlag Herder, Freiburg 1996, 18.

07. 01. *Nachman von Braclaw*, zitiert aus: Seder ha-Tefillot I (01.01.), 229.
Ps 23,1-3, Übersetzung von Moses Mendelssohn.

08. 01. *S. ibn Gabirol*, aus Keter Malkut.
B. Spinoza, Theologisch-politischer Traktat (1670), 14, zitiert aus: Die Tora. Hg. von G.W. Plaut, Übers.: A. Böckler, Gütersloher Verlagshaus, erscheint Okt. 99, zu Dtn 6,1-25.

09. 01. *Awoda Zara 54b* zitiert nach: Jakob J. Petuchowski, Es lehrten unsere Meister – Rabbinistische Geschichten…, Verlag Herder, Freiburg 1992.

10. 01. *Midrasch Tanchuma*, zitiert nach: Petuchowski a.a.O. (09.01.), 67.

11. 01. *Chassidisch*: Seder ha-Tefillot I (01.01.), 72.
M. Wiener, Religion in dieser Zeit (1933), zitiert aus: A.a.O. (02.01.) 109.
Chassidisch: zitiert aus: Chassidische Weisheiten, nacherzählt von Peter Kobbe, © Droemer Knaur Verlag, München 1994, S. 84.

12. 01. *L. Baeck*, Sittlichkeit als Grundforderung des Judentums, in: Die Lehren des Judentums nach den Quellen, hg. vom Verband der deutschen Juden, bearbeitet von S. Bernfeld, Teil I: Die Grundlagen der jüdischen Ethik, 2. Aufl. Berlin 1922, S. 12.
Baruch aus Niedzyboz, zitiert aus: Barslai, B. Z., Weise ist des Rabbis Rat (GTB 799), Gütersloh 1993, S. 15.
Jonathan A. Romain, in: Romain, J.A.; Homolka, W., Progressives Judentum. Leben und Lehre; Übers. und Red.: A. Böckler, München: Knesebeck Verlag 1999

13. 01. *Pseudo-Phokylides*, Nuthetikon 146-150 um 100v., zitiert aus A.a.O. (02.01.), 74.
Fanny Lewald, »Gefühltes und Gedachtes«, 30, zit aus A.a.O. (02.01.), 150.

14. 01. *Liturgie*: Übersetzung: A. Böckler in: Seder ha-Tefillot I (01.01.), 53.
G. Riesser, Über die Stellung der Bekenner des mosaischen Glaubens in Deutschland, 1831, zit aus A.a.O. (02.01.), 112.
M. ibn Esra, zitiert aus Jüdische Weisheit aus drei Jahrtausenden, gesammelt von Israel Steinberg, aus: Salcia Landmann, Jüdische Weisheit aus drei Jahrtausenden, © 1983 by Langen Müller in der F.A. Herbig Verlagsbuchhandlung München-Berlin.

15. 01. *S. ibn Gabirol:* Übersetzung: A. Böckler, Seder ha-Tefillot II (01.01.), 65.

16. 01. *A. J. Heschel*, zitiert aus: Seder ha-Tefillot II (01.01.), 439.
Mechilta, zitiert aus: Seder ha-Tefillot II (01.01.), 601.

17. 01. *Schne'ur Salman aus Reussen*, zitiert aus: Barslai, a.a.O. (12.01.),, GTB 799.
I. Elbogen, Geschichte der Juden in Deutschland 1935, 314, zit aus: A.a.O. (02.01.), 110.
18. 01. *M. Buber*, Der Weg des Menschen nach der chassidischen Lehre, 12. Aufl. Gerlingen 1996, 51.
Maimonides, zitiert aus: Seder ha-Tefillot I (01.01.), 72.
19. 01. *Liturgie*: Seder ha-Tefillot I (01.01.), 55
20. 01. *Pinchas aus Korez*, zitiert aus: Barslai, a.a.O. (12.01.),, GTB 799, 19.
21. 01. *M. Chefez*, Mlechet Machschewet, Venedig 1670, zitiert aus: Steinberg, a.a.O. (14.01.), 213.
22. 01. *E. Lasker Schüler*, Konzert 1932, zitiert aus: A.a.O. (02.01.), 151.
J.D. Rayner, zitiert aus: Siddur Lev Chadash. Union of Liberal and Progressive Synagogues, London 1995, 192.
23. 01. *Maimonides*, zitiert aus: Seder ha-Tefillot I (01.01.), 74.
Jaakob Jossef aus Polonnoje, zitiert aus: Barslai, a.a.O. (12.01.), 25.
24. 01. *Simcha Bunam von Pzyscha*, zitiert nach: Martin Buber. Die Erzählungen der Chassidim, © Manesse Verlag, Zürich 1949 (»Gottes Wohnung«, S. 784f; »Zwei Taschen«, S. 746).
J. Wassermann, Mein Weg als Deutscher und Jude, 1911, zit aus: A.a.O. (02.01.), 141.
26. 01. *W. Rathenau*, Mechanik des Geistes 1913, 1, zitiert aus: A.a.O. (02.01.), 107.
M. Heimann, Aphorismus über Deutschtum und Judentum, zitiert aus: A.a.O. (02.01.), 141.
P. Lapide, zitiert aus: Pinchas Lapide, Horizonte, Kiefel Verlag, Gütersloh 1996.
28. 01. *L. Fulda*, Sprüche in Prosa, zitiert aus: A.a.O. (02.01.), 139.
Chassidisch: Lifschitz a.a.O. (06.01.), 16.
29. 01. *Ahron aus Karlin*: Barslai, a.a.O. (12.01.), 46.
Chassidisch: Lifschitz a.a.O. (06.01.), 22.
30. 01. *M. Mendelssohn*, Jerusalem 1783, zitiert aus: A.a.O. (02.01.), 103.
Philo, De virtutibus 187, zitiert aus: A.a.O. (02.01.), 73.
31. 01. *Jehuda Halevi*, zitiert aus: H.J. Schoeps (Hg.), Jüdische Geisteswelt, Zeugnisse aus zwei Jahrtausenden, © H.J. Schoeps

Februar

03. 02. *Ber Horowitz*: In König Salomons Garten, zitiert aus: Der Fiedler vom Getto. Jiddische Dichtung aus Polen, aus dem Jiddischen übertragen und ausgewählt von H. Witt, © Reclam Verlag Leipzig 1993, S. 98.
04. 02. *I. Elbogen*, Geschichte der Juden seit dem Untergange des Staates, 1920, 14, zitiert aus: A.a.O. (02.01.), 109.
W. Jacob, aus: A Selection of Sermons ans Lectures by Dr. Walter Jacob, Rodef Shalom Congregation, Pittsburgh. Pennsylvania 1991-1992.
05. 02. *B. Auerbach*, Brief an Jacob Auerbach vom 12.3.1969, zitiert aus: A.a.O. (02.01.), 131.
Jehuda Low Pinsker, zitiert aus: Steinberg a.a.O. (14.01.), 113.
P. Lapide, zitiert aus: a.a.O. (26.01.).
06. 02. *A. Hirschberg*, C.-V.-Zeitung 13.4.1933, zitiert aus: A.a.O. (02.01.), 122.
G. Steiner, zitiert aus: Seder ha-Tefillot I (01.01.), 249.
08. 02. *L. Goldberg*, »Bechol dawar jesch lefachot scheminit«, zitiert aus: Kol Haneshamah. Shabbat Eve, The Reconstructionist Press, Wyncote, Pennsylvania 1993, 161; dt. Übersetzung aus dem Hebräischen: A. Böckler.
09. 02. *B. Auerbach*, zitiert aus: A.a.O. (02.01.), 131.
Ch. Reznikoff, aus: »Te Deum«, in Poems 1937-1975 Bd. II, zitiert aus: Kol Haneshamah, a.a.O. (08.02.), 205; Dt. Übersetzung: A. Böckler.
10. 02. *Awot de Rabbi Nathan*, zitiert aus: Seder ha-Tefillot I (01.01.), 75.
W. Rathenau, Von kommenden Dingen, 1917, zitiert aus: A.a.O. (02.01.), 107.
11. 02. *L. Baeck*, »Der soziale Charakter des Judentums«, in: Die Lehren des Judentums nach den Quellen, hg. vom Verband der deutschen Juden, bearbeitet von S. Bernfeld, Teil III: Die sittlichen Pflichten der Gemeinschaft, Berlin 1923, 7-9, 7.
12. 02. *M. Maimonides*, Mischne Tora Hilchot Melachim II, 6, zitiert aus: Die Lehren des Judentums III (a.a.O. 11.02.), 28.
L. Börne, Fragmente und Aphorismen Nr. 1, zitiert aus: A.a.O. (02.01.), 125.
13. 02. *J. Jacoby*, Als Deputierter der preußischen Nationalversammlung auf einem Empfang bei König Friedrich Wilhelm IV. 1848, zitiert nach A.a.O. (02.01.), 112.
Ps 12,5f in der Übersetzung von Moses Mendelssohn.
14. 02. *Jizchak aus Ger*, zitiert aus: Barslai, a.a.O. (12.01.), 26.

Chassidisch, zitiert aus: Lifschitz a.a.O. (06.01.), 50.
15. 02. 1. Kön 3,5f.9-14 nach der Übersetzung von Naftali Tur Sinai.
16. 02. *Mosche aus Makarow*, zitiert aus: Barslai, a.a.O. (12.01.), 56.
17. 02. *Baal Schem Tow*, zitiert aus: Barslai, a.a.O. (12.01.), 27.
18. 02. *Mosche aus Kosnitz*, zitiert aus: Barslai, a.a.O. (12.01.), 54.
19. 02. *Derech Erez Suta*, zitiert aus: Steinberg, a.a.O. (14.01.), 223.
L. Baeck, Das Wesen des Judentums, [1905] 6. Aufl. Wiesbaden 1960, 121.
Dow Bär aus Mesritsch, zitiert aus: Barslai, a.a.O. (12.01.), 60.
20. 02. *Dow Bär aus Mesritsch*, zitiert aus: Barslai, a.a.O. (12.01.), 46.
21. 02. *Midrasch Gadol u-gedola 14*, Bet ha-Midrasch, ed. Jellinek III, S. 126, zitiert nach: Die Lehren des Judentums nach den Quellen, hg. vom Verband der deutschen Juden, bearbeitet von S. Bernfeld, Teil II: Die sittlichen Pflichten des Einzelnen, Berlin 1921, 47.
J. Magonet, Mit der Bibel durch das jüdische Jahr (GTB 1443), Gütersloh 1998, 33.
22. 02. *JQidduschin 4,12*, zitiert nach Die Lehren des Judentums I (a.a.O. 12.01.), 145.
Maimonides, Mische Tora: Hilchot Deot III,1, zitiert nach Die Lehren des Judentums I (a.a.O. 12.01.), 147.
23. 02. *Chassidisch*, zitiert aus: Lifschitz a.a.O. (06.01.), 20.
24. 02. *P. Nathan*, In einem Brief aus Paris über die Weltaustellung 1889, zitiert aus: A.a.O. (02.01.), 116.
A. Geiger, Die Lehren des Judentums I (a.a.O. 12.01.), 149.
25. 02. *M. ibn Esra*, zitiert aus: Steinberg, a.a.O. (14.01.), 213.
B. Auerbach, Auf der Höhe 1865, zitiert aus: A.a.O. (02.01.), 130.
Elimelech aus Lisensk, zitiert aus: Barslai, a.a.O. (12.01.), 54.
28. 02. *Orchot Zadikim*, zitiert aus: Steinberg, a.a.O. (14.01.), 201.
Nachman von Braclaw, zitiert aus: Seder ha-Tefillot I (01.01.), 72.
29. 02. *Liturgie*: Seder ha-Tefillot I (01.01.), 53.
W. Rathenau, Von kommenden Dingen, 1917, zit nach: A.a.O. (02.01.), 107.
März *Baal Schem Tow*, zitiert aus: Barslai, a.a.O. (12.01.), 25.
01. 03. *M. Buber*, Das dialogische Prinzip, Darmstadt 1984[5], © Gütersloher Verlagshaus, Gütersloh.
M. ibn Esra, zitiert aus: Steinberg, a.a.O. (14.01.), 170.
02. 03. *A. ibn Esra*, zitiert aus: Steinberg, a.a.O. (14.01.), 57.
A. Einstein, zitiert aus: Seder ha-Tefillot II (01.01.), 439.
03. 03. *Jannai*, zitiert aus: Seder ha-Tefillot II (01.01.), 522.
G. Aguilar, zitiert aus: Seder ha-Tefillot I (01.01.), 214.
04. 03. *M. Buber*, zitiert aus: Seder ha-Tefillot I (01.01.), 214.
Chassidisch, zitiert nach Die Tora, hg. von G.W. Plaut a.a.O. (08.01.) zu Dtn 6,1-25.
Luria, zitiert aus Die Tora, hg. von G.W. Plaut a.a.O. (08.01.) zu Dtn 6,1-25.
05. 03. *Ber Horowitz:* Heut zur Nacht im Traum, zitiert aus: Der Fiedler vom Getto, a.a.O. (03.02.), 99.
06. 03. *E. Fromm*, zitiert aus: Seder ha-Tefillot I (01.01.), 215.
R. Beer Hoffmann, Der junge David 1933, zitiert aus: A.a.O. (02.01.), 140.
Chr. Morley, Parnassus on Wheel, New York 1917, zitiert aus: Siddur Lev Chadash, a.a.O. (22.01.), 275.
07. 03. *Maimonides*, Sefer ha-Ikkarim 3,36, zitiert aus: Seder ha-Tefillot I (01.01.), 208.
A. Schnitzler, Professor Bernhardi, 5. Akt, 1913, zitiert aus: A.a.O. (02.01.), 138.
08. 03. *L. Börne*, zitiert aus: Seder ha-Tefillot I (01.01.), 76.
Ber Horowitz: Heiße Nächte haben ausgetrunken unser Stammeln, zitiert aus: Der Fiedler vom Getto, a.a.O. (03.02.), 98f.
09. 03. *Schalom Ben-Chorin*, zitiert aus: Das Mal der Sendung – der Lieder des ewigen Brunnens neue Folge; München 1935, S. 15.
10. 03. *M. Buber*, Der Jude und sein Judentum. Ges. Aufsätze und Reden, Köln 1963 2. Aufl. Gerlingen 1993, 361.
11. 03. *L. Bamberger*, zitiert aus: A.a.O. (02.01.), 113.
12. 03. *A. Schnitzler*, Professor Bernhardi, 4. Akt, 1913, zitiert aus: A.a.O. (02.01.), 138.
Maimonides, zitiert aus: Lionel Blue, Jonathan Magonet, Kindred Spirits. A Year of Readings, HarperCollins Publishers, London 1995.
13. 03. *Meïr aus Przemysl*, zitiert aus: Barslai, a.a.O. (12.01.), 24.
Zu Sota 8b vgl. ähnlich auch Sanhedrin 100a.
14. 03. *M. Buber*, a.a.O. (18.01.), 38f.
15. 03. *J. B. Soloveitchik*, zitiert aus: Seder ha-Tefillot II 441.
P. Lapide, zitiert aus a.a.O. (26.01.).

16. 03. *Maimonides*, Mischne Thora: Hilchot De'ot 6,3, zitiert aus: A.a.O. (02.01.), 97.
Nachman aus Brazlaw, zitiert aus: Barslai, a.a.O. (12.01.), 24.
J. Magonet, a.a.O. (21.02.), 93.

17. 03. *Midrasch Tanchuma*, ha-Kadosch zu Lev, zitiert aus: Steinberg, a.a.O. (14.01.), 212.
Chafez Chajjim, zitiert in Maimonides, Itture Tora, zitiert aus: Plaut, a.a.O. (08.01.), 72.

19. 03. *Maimonides*, Mischne Tora, Matnot Anijim 10,7ff.

20. 03. *F. Lewald*, »Gefühltes und Gedachtes«, 186, zitiert aus: A.a.O. (02.01.), 150.
M. Buber, a.a.O. (01.03.), S. 15f.

21. 03. *Nachman von Braclaw*, Seder ha-Tefillot I (01.01.), 72.
Mosche Löb aus Sasow, zitiert aus: Barslai, a.a.O. (12.01.), 29.

22. 03. *J. Guttmann*, Die Idee der Versöhnung im Judentum, 1909, zitiert aus: A.a.O. (02.01.), 106.
Liturgie: Seder ha-Tefillot I (01.01.), 87.

23. 03. *M. Susmann*, Der jüdische Geist 1934, zitiert aus: A.a.O. (02.01.),153.

24. 03. *Maimonides*, Hilchot Teschuwa 10,3, zitiert aus: Seder ha-Tefillot I (01.01.), 208

25. 03. Seder ha-Tefillot I (01.01.), 62.
Inschrift: Seder ha-Tefillot II (01.01.), 531.

26. 03. *Chassidisch*: Schoeps, H. J. (Hg.), Jüdische Geisteswelt. Zeugnisse aus zwei Jahrtausenden, Fourier-Verlag, Wiesbaden, 217.

27. 03. *Jizchok Lejb Perez:* Auf deinem Balkon hängen meine Augen, zitiert aus: Der Fiedler vom Getto, a.a.O. (03.02.), 22.

28. 03. *F. Rosenzweig*, Sprachdenken im Übersetzen. Hymnen und Gedichte des Jehuda Halevi. Gesammelte Schriften IV/1 1983, © Kluwer Academic Publishers, Dordrecht/Holland.
W. Homolka, in: Lionel Blue, Jonathan Magonet, Kindred Spirits. A Year of Readings, HarperCollins Publishers, London 1995, 250.

29. 03. *Jüdisches Gebetbuch*: Seder ha-Tefillot I (01.01.), 539.
L. Baeck, Das Wesen des Judentums, [1905] 6. Aufl. 1960, S. 140.

30. 03. *Jehuda Halevi*, zitiert aus: H.J. Schoeps Hg., Jüdische Geisteswelt, Wiesbaden 1980, 136.

31. 03. *Schneur Salman von Ladi*, Lionel Blue, Jonathan Magonet, Kindred Spirits. A Year of Readings, HarperCollins Publishers, London 1995, 14.
M. Ch. Luzzatto, zitiert aus Die Tora, hg. von G.W. Plaut a.a.O. (08.01.) zu Dtn 6,1-25.

April *Liturgie*: Seder-haTefillot I, 179.

01. 04. *F. Lewald*, in: »Gefühltes und Gedachtes«, 312, zitiert aus: A.a.O. (02.01.), 151.
Liturgie: Seder ha-Tefillot I (01.01.), 95.

02. 04. *S. Tschernikowsky*, Übers.: A. Böckler, in. Seder ha-Tefillot I (01.01.), 63f.

03. 04. *E. Fromm*, zitiert aus: Seder ha-Tefillot I (01.01.), 313.

04. 04. *Herbert Bronstein* (Hg.), A Passover Haggadah. The *New Union Haggadah*, © Central Conference of American Rabbis, New York 1974, 43.
L. I. Rabinowitz, zitiert aus; Seder ha-Tefillot I (01.01.), 229.

05. 04. *J. Albo*, Sefer Ikkarin 1,1, zitiert aus: A.a.O. (02.01.), 98.

06. 04. *E. Heimler*, zitiert aus: Seder ha-Tefillot I (01.01.), 487.
V. E. Frankl, …trotzdem Ja zum Leben sagen, Kösel-Verlag, München 1977

07. 04. *A. Schnitzler*, Anatol 1889, zitiert aus: A.a.O. (02.01.), 138.
Jizchas Eisik aus Kumarna, zitiert aus: Barslai, a.a.O. (12.01.), 41.
W. Jacob, aus: A Selection of Sermons and Lectures by Dr. Walter Jacob, Rodef Shalom Congregation, Pittsburgh. Pennsylvania 1992-1993.

08. 04. *M. Gebirtig*, Arbeitslosenmarsch zitiert aus: Der Fiedler vom Getto, a.a.O. (03.02.), 29f.

09. 04. *E. Heimler*, zitiert aus: Seder ha-Tefillot II (01.01.), 600.

10. 04. *Liturgie*: Seder ha-Tefillot I (01.01.), 181.
Ex Rabba 2,5, zitiert nach: Petuchowski a.a.O. (09.01.), 32.

11. 04. *Liturgie*: Seder ha-Tefillot I (01.01.), 179.
Berachot 9,3, zitiert nach: Petuchowski a.a.O. (09.01.), 124.

12. 04. *C. G. Montefiore*, Gesetz und Freiheit, 1935, zitiert aus: A.a.O. (02.01.), 117.
Ketaw Sofer, zitiert aus Die Tora, hg. von G.W. Plaut, a.a.O. (08.01.) zu Ex 2,1-25.
Midraschej-ha-Tora, zitiert aus: Steinberg, a.a.O. (14.01.), 239.

13. 04. *New Union Haggadah*, a.a.O. (04.04.), 43.
F. Rosenzweig, Der Stern der Erlösung, Suhrkamp Verlag, Frankfurt am Main 1988, © Kluwer Academic Publishers, Dordrecht/Holland

14. 04. *J. Wassermann*, Lebensdienst 1928, 188, zitiert aus: A.a.O. (02.01.), 142.
Jehuda Halevi, zitiert aus: Rosenzweig a.a.O. (28.03.), S. 123.

15. 04. *Nachman von Braclaw*, zitiert aus Seder ha-Tefillot I (01.01.), 479.
M. Mendelssohn, Vorrede zu Manasse ben Israels Buch »Rettung der Juden« 1762, zitiert aus: A.a.O. (02.01.), 103.
E. von Simson, Parlamentsalbum der Frankfurter Nationalversammlung Blatt 153, 1849, zitiert aus: A.a.O. (02.01.), 114.
16. 04. *J. Magonet*, Seder ha-Tefillot I (01.01.), 204.
N. Scharansky, zitiert aus: Seder ha-Tefillot I (01.01.), 477.
R. Beer Hoffmann, Jaakobs Traum 1919, zitiert aus: A.a.O. (02.01.), 140.
17. 04. *Nachman von Braclaw*, zitiert aus: Seder ha-Tefillot I (01.01.), 477.
Henoch von Alexandria, zitiert aus: Seder ha-Tefillot I (01.01.), 477.
19. 04. *I. I. Schwarzbach*, in: Schoeps, a.a.O. (26.03.), 314f.
20. 04. *F. Lewald*, »Gefühltes und Gedachtes«, 9, zitiert aus: A.a.O. (02.01.), 150.
M. Buber, zitiert aus: Seder ha-Tefillot I (01.01.), 76.
Nachman von Braclaw, zitiert aus: Martin Buber, Die Chassidischen Bücher, Tel Aviv, S. 35.
21. 04. *J. Oppenheim*, zitiert aus: Seder ha-Tefillot I (01.01.), 220.
Maimonides, Moreh Nebuchim 3,32, zitiert aus: Seder ha-Tefillot I (01.01.), 229.
22. 04. *Michael Shire* (Hg.), Die *Pessach Haggada*. Mit einem Vorwort von Landesrabbiner Walter Homolka. Aus dem Hebräischen und Englischen von Annette Böckler, Knesebeck Verlag, München 1998, S. 36.
A. M. Klein, Collected Poems of A.M. Klein, Toronto, McGraw-Hill Ryerson, 1974, zitiert aus Die Tora, hg. von G.W. Plaut, a.a.O. (08.01.) zu Ex 1,1-22.
23.04. *Liturgie*: Seder ha-Tefillot I (01.01.), 49.
L. Börne, Ankündigung der Zeitschwingen, 1819, zitiert aus: A.a.O. (02.01.), 126
24.04. *M. Buber*, zitiert aus: Seder ha-Tefillot II (01.01.), 441.
L. Baeck, Wille zum Leben, in: Die Lehren des Judentums I (a.a.O. 12.01.), 140-141, 140.
J.D. Rayner, An Understanding of Judaism (Progressive Judaism Today 1), Oxford 1997, 190.
26. 04. *Ps 77,17-21* nach der Übersetzung von Moses Mendelssohn.
27. 04. *R. H. Sohn*, zitiert aus: Kol Haneshamah, a.a.O. (08.02.), 197-199.
28. 04. *Liturgie*: Seder ha-Tefillot I (01.01.), 211.
29. 04. *S. ibn Gabirol*, aus: Keter Malkut, Seder ha-Tefillot II (01.01.), 73.
30. 04. *Th. Herzl*, zitiert aus: Seder ha-Tefillot I (01.01.), 74.
R. Schärf Kluger, zitiert aus: Seder ha-Tefillot I (01.01.), 221.
M. Shire, in: Die Pessach Haggada a.a.O. (22.02.), S. 12.

Mai

01. 05. *M. Niknam*, zitiert aus: Forms of Prayer for Jewish Worship, II Prayers for the Pilgrim Festivals, 2. Aufl. 1995, 703f, © Reform Synagogues of Great Britain. Übersetzung: A. Böckler.
02. 05. *Y. Fishman*, Übers.: A. Böckler, in Seder ha-Tefillot I (01.01.), 253.
03. 05. *Chassidisch*, zitiert aus: Lifschitz, a.a.O. (06.01.), 58.
Noam Ha-Midot, zitiert aus: Steinberg, a.a.O. (14.01.), 158.
L. Blue, zitiert aus: My Affair with Christianity, London u.a. 1998, 94.
05. 05. *Ex Rabba 2,5*, zitiert nach: Petuchowski, a.a.O. (09.01.), 25.
I. Elbogen, Unmittelbarkeit des Verhältnisses Gottes zum Menschen, in: Die Lehren des Judentums nach den Quellen, hg. vom Verband der deutschen Juden, bearbeitet von S. Bernfeld, Teil IV: Die Lehre von Gott, Berlin 1924, 107-108, 107.
06. 05. *M.Buber*, Das dialogische Prinzip, Darmstadt 1984[5], © Gütersloher Verlagshaus, Gütersloh.
07. 05. *S. ibn Gabirol*, aus Keter Malkut, zitiert aus J. Maier, »Die Königskrone des Salomo Ben Jehuda ibn Gabirol, Judaica 18 (1962), 1-55, Teil II, S. 18.
08. 05. *Maimonides*, zitiert aus Die Tora, hg. von G.W. Plaut a.a.O. (08.01.) zu Dtn 6,1-25.
L. Baeck, Das Wesen des Judentums, [1905] 6. Aufl. Wiesbaden 1960, 101.
10. 05. *Sifre Dtn 32*, zitiert aus Die Tora, hg. von G.W. Plaut a.a.O. (08.01.) zu Dtn 6,1-25.
Sefat Emet, Itture Tora, Bd. VI, zitiert nach Die Tora, hg. von G.W. Plaut a.a.O. (08.01.) zu Dtn 6,1-25.
11. 05. *F. Rosenzweig*, a.a.O (13.04.), S. 196f.
12. 05. *L. Blue*, a.a.O. (03.05.), 35.
13. 05. *»F. Perles*, Boussets »Religion des Judentums«, 65, zitiert aus: Die Lehren des

Judentums I, a.a.O. (12.01.), 47.
Seher« von Lublin, zitiert aus: Barslai, a.a.O. (12.01.), 20.
M. Buber, a.a.O. (18.01), 18f.
15. 05. *A. J. Heschel*, zitiert aus: Seder ha-Tefillot I (01.01.), 336.
16. 05. *Berachot 63b*, zitiert nach: Petuchowski, a.a.O. (09.01.), 105.
L. Baeck, Das Wesen des Judentum, 2. Aufl., S. 39.
17. 05. *Mechilta zu Ex 19,18*, zitiert nach Seder ha-Tefillot I (01.01.), 487.
P. Lapide, zitiert aus a.a.O. (26.01.).
18. 05. *Jehuda Halevi*, Kuzari 2,50, zitiert nach Seder ha-Tefillot I (01.01.), 209.
19. 05. *Tanna debe Elijahu 13*, zitiert aus: Die Lehren des Judentums I (a.a.O. 12.01.), 121.
20. 05. *Sanhedrin 98a*, zitiert nach: Petuchowski, a.a.O. (09.01.), 132.
21. 05. *Liturgie*: Seder ha-Tefillot I (01.01.), 107.
Tanchuma, Lech Lecha, zitiert aus: Die Lehren des Judentums I (a.a.O. 12.01.), 121.
S. Hochfeld, Gleichheit aller Menschen, in: Die Lehren des Judentums I (a.a.O. 12.01.), 114-115, 114.
22. 05. *W. Jacob*, aus: A Selection of Sermons and Lectures by Dr. Walter Jacob, Rodef Shalom Congregation, Pittsburgh. Pennsylvania 1991-1992.
M. Mendelssohn in einem Brief an Wolf, 11. Juli 1782, zitiert aus: A.a.O. (02.01.), 102.
J. A. Romain, in: Romain/Homolka, a.a.O. (12.01.), 39f.
23. 05. *A. Miller*, zitiert aus: Seder ha-Tefillot I (01.01.), 236.
Jüdisches Sprichwort, zitiert aus: A.a.O. (02.01.), 158.
24. 05. *Sanhedrin 24a*, zitiert nach: Petuchowski, a.a.O. (09.01.), 92.
M.Buber, Reden über die Erziehung, 8. Aufl. Gerlingen 1995, 56.
26. 05. *Chassidisch*, zitiert aus: Lifschitz, a.a.O. (06.01.), 20.
28. 05. *J. A. Romain*, in: Romain/Homolka, a.a.O. (12.01.), 42.
29. 05. *H. Senesh*, Übers.: A. Böckler, in: Seder ha-Tefillot I (01.01.), 233.
I. Elbogen, Der jüdische Gottesdienst in seiner geschichtlichen Entwicklung, 1931, 443, zitiert aus: A.a.O. (02.01.), 109.
30.05. Psalm 121, Übersetzung von Moses Mendelssohn.
31. 05. *Liturgie*: Seder ha-Tefillot I (01.01.), 91.
A. Geiger, Das Judentum und seine Geschichte, 1910, 11, zitiert aus: A.a.O. (02.01.), 105.

Juni

01. 06. *Makkot 23b.24a*, zitiert nach: Petuchowski, a.a.O. (09.01.), 113.
02. 06. *Makkot 23b.24a*, zitiert nach: Petuchowski, a.a.O. (09.01.), 113.
03. 06. *Makkot 23b.24a*, zitiert nach: Petuchowski, a.a.O. (09.01.), 113.
04. 06. *K. Kohler*, Grundriß einer systematischen Theologie des Judentums auf geschichtlicher Grundlage, S. 92, zitiert aus: Die Lehren des Judentums II (a.a.O. 21.02.), 58.
05. 06. *Schabbat 31a*, zitiert nach: Petuchowski, a.a.O. (09.01.), 109.
L. Blue, a.a.O. (03.05.), 63.
06. 06. *Seder Elijahu Rabba 5*, zitiert aus: Seder ha-Tefillot I (01.01.), 73.
07. 06. *Sifre Dtn, Pisqa33*, zitiert nach: Petuchowski, a.a.O. (09.01.), 104.
M. Buber, zitiert aus: Seder ha-Tefillot II (01.01.), 485.
08. 06. *Berachot 60b*, zitiert aus: Seder ha-Tefillot I (01.01.), 71.
09. 06. *M. Mendelssohn*, zitiert aus: Steinberg, a.a.O. (14.01.), 65.
10. 06. *M. Mendelssohn*, Jerusalem S. 174f, zitiert aus: Die Lehren des Judentums I (a.a.O. 12.01.), 45f.
11. 06. *M. Buber*, Das dialogische Prinzip, Darmstadt 1984[5], © Gütersloher Verlagshaus, Gütersloh.
13. 06. *R. Beer Hoffmann*, Der junge David 1933, zitiert aus: A.a.O. (02.01.), 140.
14. 06. *A. ibn Esra*, zitiert aus: Steinberg, a.a.O. (14.01.), 245.
16. 06. *Memoiren des Glückel von Hameln*, zitiert aus: A.a.O. (02.01.), 149.
17. 06. *Abraham Jaakob aus Sadagora*, zitiert aus: Barslai, a.a.O. (12.01.), 50.
18. 06. *Schabbat 82a*, zitiert nach: Petuchowski, a.a.O. (09.01.), 66.
19. 06. *Mosche ibn Esra*, zitiert aus: Steinberg, a.a.O. (14.01.), 195.
20. 06. *M. Dienemann*, Judentum und Christentum 1919, 34, zitiert aus: A.a.O. (02.01.), 108
Chassidisch: Der Kotzker Rebbe, zitiert in: Itture Thora, hrsg. u. bearb. von Aaron Jacob Greenberg, Tel Aviv 1965ff, Bd. III, S. 190.
M. Lazarus, zitiert aus J.H. Hertz, Pentateuch und Haftaroth, (5 Bände 1937-1938), Bd. II Exodus (Übersetzt von H. Goslar), S. 315.

21. 06. *Menachem Mendel aus Rymanow*, zitiert aus: Barslai, a.a.O. (12.01.), 41.
M. Buber, a.a.O. (18.01.), 42f.
22. 06. *K. Marx*, zitiert aus: Lionel Blue, Jonathan Magonet, Kindred Spirits. A Year of Readings, HarperCollins Publishers, London 1995, 34.
23. 06. *Pesikta de Raw Kahana, Pisqa 16*, zitiert nach: Petuchowski, a.a.O. (09.01.), 57.
Liturgie: Seder ha-Tefillot II (01.01.), 141.
24. 06. *Liturgie*: Seder ha-Tefillot I (01.01.), 91.
25. 06. *M. ibn Esra*, zitiert aus: Steinberg, a.a.O. (14.01.), 193.
26. 06. *M. ibn Esra*, zitiert aus: Steinberg, a.a.O. (14.01.), 195.
27. 06. *Jüdisches Sprichwort*, zitiert aus: Steinberg, a.a.O. (14.01.), 250.
29. 06. *Tanhuma, Ki Tissa 16*, Editio Buber S. 58b, zitiert nach: Petuchowski, a.a.O. (09.01.), 26.

Juli

01. 07. *Liturgie*: Seder ha-Tefillot I (01.01.), 179.
Schlomo ibn Gabirol, zitiert aus: Steinberg, a.a.O. (14.01.), 239.
M. ibn Esra, zitiert aus: Steinberg, a.a.O. (14.01.), 239.
02. 07. *Liturgie*: Seder ha-Tefillot I (01.01.), 541.
R. Varnhagen, Tagebucheintrag von 10.4.1806, zitiert nach: A.a.O. (02.01.), 149.
Jüdisches Sprichwort, zitiert aus: A.a.O. (02.01.), 159.
03. 07. *B. Spinoza*, Opera posthuma (1677), zitiert aus: A.a.O. (02.01.), 102.
Maimonides, zitiert aus: Steinberg, a.a.O. (14.01.), 76.
Chassidisch, zitiert aus: Lifschitz, a.a.O. (06.01.), 8.
05. 07. *Sprüche der Soferim*, zitiert aus: Steinberg, a.a.O. (14.01.).
J. Korczak, zitiert aus: F. Beiner; E. Dauzenroth, Leben für andere, Gedanken und Meditationen, Gütersloh, Kiefel 1997, 36.
06. 07. *Tana de-Rabbi Eliahu 17*, zitiert aus: Steinberg, a.a.O. (14.01.), 190.
07. 07. *I. Elbogen*, Grundlegende Sittlichkeitsanschauungen, in: Die Lehren des Judentums I (a.a.O. 12.01.), 37.
08. 07. *Dow Bär aus Mesritsch*, zitiert aus: Barslai, a.a.O. (12.01.), 40.
09. 07. *Maimonides*, Mischne Tora, Hilchot Teschuwa 10,4.
Sifre Dtn zu Dtn 6,5, zitiert aus: Die Lehren des Judentums I, a.a.O. (12.01.), 55.
11. 07. *Juda Löb Pinsker*, Autoemanzipation 1882, zitiert aus: A.a.O. (02.01.), 114.
Jüdischer Reisesegen, zitiert aus: Seder ha-Tefillot I, 483 (gekürzt).
12. 07. *Tosefta zu Sanhedrin 80,13*, zitiert aus: Steinberg, a.a.O. (14.01.), 105.
14. 07. *S. Bernfeld*, Willensfreiheit, in: Die Lehren des Judentums I, a.a.O. (12.01.),77-78, 77.
Maimonides, zitiert aus: Seder ha-Tefillot II (01.01.), 210.
15. 07. *J. Albo*, Sefer Ikkarin 1,9, zitiert nach: A.a.O. (02.01.), 98.
Sprüche der Weisen, zitiert aus: Steinberg, a.a.O. (14.01.), 234.
16. 07. *Nachman aus Brazlaw*, zitiert aus: Barslai, a.a.O. (12.01.), 15.
L. Baeck, in: »Das Jahr des jüdischen Frauenbundes« 1928/29, zitiert aus: A.a.O. (02.01.), 107.
17. 07. *Midrasch Tehillim zu Ps 11*, zitiert aus: Steinberg, a.a.O. (14.01.), 164.
18. 07. *Chassidisch*, zitiert aus: Lifschitz, a.a.O. (06.01.), 62.
19. 07. *Chassidisch*, zitiert aus: Lifschitz, a.a.O. (06.01.), 30.
20. 07. *Sprüche der Soferim*, zitiert aus: Steinberg, a.a.O. (14.01.), 194.
Sprüche der Soferim, zitiert aus: Steinberg, a.a.O. (14.01.), 196.
21. 07. *Chassidisch*, zitiert aus: Lifschitz, a.a.O. (06.01.), 32.
22. 07. *Bachja ibn Pakuda*, Chowot ha-lewawot Herzenspflichten IV, S. 217, zitiert aus: Die Lehren des Judentums I, a.a.O. (12.01.), 146.
S. R. Hirsch, Ges. Schriften I (1902), S. 10f, zitiert aus: Die Lehren des Judentums I, a.a.O. (12.01.), 152.
24. 07. *Jakob ben Ascher*, zitiert aus: Die Lehren des Judentums II, a.a.O. (21.02.), 233.
25. 07. *Rabbi Lewi Jitzchaq*, zitiert aus: Siddur Lev Chadash, a.a.O. (22.01.), 274.
26. 07. *S. R. Hirsch*, Choreb (1837), c. 46, § 335, zitiert nach: S. Bernfeld, Die Lehren des Judentums nach den Quellen Teil II, Berlin 1921 C.A. Schwetschke & Sohn, Verlagsbuchhandlung, 192.
Maimonides, Mischne Tora Hilchot Deot 6,2, zitiert nach: S. Bernfeld, Die Lehren des Judentums nach den Quellen Teil II, Berlin 1921 C.A. Schwetschke & Sohn, Verlagsbuchhandlung, 189.
M. Joseph, Judaism as Creed and Life (1958), zitiert aus: Romain/Homolka a.a.O. (12.01.), 272.
28. 07. *Maimonides*, Mischne Tora Hilchot Teschuwa 2,10.
29. 07. *Maimonides*, zitiert aus: Seder ha-Tefillot I (01.01.), 73.
Midrasch Schalom, zitiert aus: Steinberg, a.a.O. (14.01.), 242.

30. 07. *B. Spinoza*, Opera posthuma (1677), zitiert aus: A.a.O. (02.01.), 102.
31. 07. *M. E. Kuh*, Hinterlassene Gedichte 1792, zitiert aus: A.a.O. (02.01.), 124.
M. G. Saphir, Nachtschatten 1832, zitiert aus: A.a.O. (02.01.), 126.
Chassidisch, zitiert aus: Lifschitz, a.a.O. (06.01.), 22.

August

02. 08. *B. Spinoza*, Die Ethik (1677), zitiert aus: A.a.O. (02.01.), 101.
03. 08. *M. Michelson*, Ma'amar Mordechai 1907, zitiert aus: Steinberg, a.a.O. (14.01.), 236.
04. 08. *S. ibn Gabirol*, Miwchar Ha-Pninim, zitiert aus: Steinberg, a.a.O. (14.01.), 237.
Jüdisches Sprichwort, zitiert aus: Steinberg, a.a.O. (14.01.), 238.
F. Rosenzweig, a.a.O (13.04.), 328.
05. 08. *M. ibn Esra*, zitiert aus: Steinberg, a.a.O. (14.01.), 237.
08. 08. *Chassidisch*, zitiert aus: Lifschitz, a.a.O. (06.01.), 48.
M. Liebermann, Gesammelte Schriften 1922, zitiert aus: A.a.O. (02.01.), 135.
10. 08. *Numeri Rabba*, zitiert aus: Steinberg, a.a.O. (14.01.), 204.
J. Korczak, zitiert aus: Beiner/Dauzenroth, a.a.O. (05.07.), 30.
11. 08. *Abraham Jaakob aus Sadogora*, zitiert aus: Barslai, a.a.O. (12.01.), 28.
12. 08. *Tanna debe Eliahu 17*, zitiert aus: Steinberg, a.a.O. (14.01.), 99.
13. 08. *M. Ch. Luzzatto*, Mesillat Jescharim 19, zitiert aus: Die Lehren des Judentums II, a.a.O. (21.02.), 300.
A. Loewenthal, Pflichten gegen das Tier, in: Die Lehren des Judentums II, a.a.O. (21.02.), 295.
14. 08. *Menachem Hameiri*, zitiert aus: Steinberg, a.a.O. (14.01.), 225.
15. 08. *Schulchan Aruch*, Choschen Mischpat 7 § 8, zitiert aus: Die Lehren des Judentums III, a.a.O. (11.02.), 51.
17. 08. *Pinchas aus Korez*, zitiert aus: Barslai, a.a.O. (12.01.), 29.
Sprüche der Soferim, zitiert aus: Steinberg, a.a.O. (14.01.), 226.
Akedat Jizchak, zitiert aus: Steinberg, a.a.O. (14.01.), 226.
18. 08. *Samson Rafael Hirsch*, Choreb (1837), c. 49 § 306, zitiert aus: Die Lehren des Judentums II, a.a.O. (21.02.), 155.
19. 08. *Sprüche der Soferim*, zitiert aus: Steinberg, a.a.O. (14.01.), 195.
M. Buber, Werke I, 1962, 1114.
22. 08. *Sefer Chassidim* § 787, zitiert aus: A.a.O. (02.01.), 97.
23. 08. *L. Baeck*, Die jüdische religiöse Erziehung in: Handbuch der Pädagogik, 1930, III, 282, zitiert aus: A.a.O. (02.01.), 107.
24. 08. *M. Buber*, Pfade in Utopia. Über Gemeinschaft und deren Verwirklichung. 3. Aufl. Heidelberg 1985, 278.
25. 08. *Jerus. Talmud, Berachot 5*, zitiert aus: Steinberg, a.a.O. (14.01.), 233.
26. 08. *Chassidisch*, Lifschitz, a.a.O. (06.01.), 68.
27. 08. R.M. Shapiro, zitiert aus: Kol Haneshamah, a.a.O. (08.02.), 101.
28. 08. *Berachot 34a*, zitiert nach: Petuchowski, a.a.O. (09.01.), 119.
29. 08. *Jakob ben Ascher*, Mahnschrift, zitiert aus: Die Lehren des Judentums II, a.a.O. (21.02.), 259.
30. 08. *Sefer ha-Midot*, zitiert aus: Steinberg, a.a.O. (14.01.), 201.
J. Steinberg, Mischle Jehoschua, zitiert aus: Steinberg, a.a.O. (14.01.), 202.
31. 08. *Liturgie*: Seder ha-Tefillot I (01.01.), 117. Der Text zitiert mehrere Bibelverse: Sprüche 4,2; 3,18; 3,17.
Chassidisch, zitiert aus: Seder ha-Tefillot II (01.01.), 14.

September

01. 09. *Orchot Zaddiqim*, zitiert aus: Seder ha-Tefillot II (01.01.), 15.
02. 09. *Liturgie*: Seder ha-Tefillot II (01.01.), 249.
03. 09. *Liturgie*: Seder ha-Tefillot II (01.01.), 223.
V. E. Frankl, …trotzdem Ja zum Leben sagen, Kösel-Verlag, München 1977
04. 09. *Liturgie*: Seder ha-Tefillot I (01.01.), 71.
F. Rosenzweig, a.a.O (13.04.), 361.
Gates of Prayer for Shabbat and Weekdays. A Gender Sensitive Prayerbook, hg. von Ch. Stern, Central Conference of American Rabbis, New York 1994
06. 09. *Liturgie*: Seder ha-Tefillot I (01.01.), 87.
07. 09. *Raschi*, zitiert aus: Seder ha-Tefillot II (01.01.), 18.
Baal Schem Tow, zitiert aus: Seder ha-Tefillot II (01.01.), 18.
S. Freud, zitiert aus: Seder ha-Tefillot II (01.01.), 18.
08. 09. *Liturgie*: Seder ha-Tefillot II (01.01.), 183.
P. Nathan, zitiert aus: A.a.O. (02.01.), 116.
09. 09. *Chassidisch*, zitiert aus: Seder ha-Tefillot II (01.01.), 19.

10. 09. *Chassidisch*, zitiert aus: Seder ha-Tefillot II (01.01.), 19.
11. 09. *Chassidisch*, zitiert aus: Seder ha-Tefillot II (01.01.), 19f.
12. 09. *Liturgie*: Seder ha-Tefillot I (01.01.), 87.
Maimonides, zitiert aus: Seder ha-Tefillot II (01.01.), 20.
13. 09. *Liturgie*: Seder ha-Tefillot I (01.01.), 81.
S. J. Agnon, zitiert aus: Seder ha-Tefillot II (01.01.), 21.
14. 09. *L. Baeck*, Das Wesen des Judentums, [1905] 6. Aufl. Wiesbaden 1960, 183.
15. 09. *Meïr von Rothenburg*, zitiert aus: Seder ha-Tefillot II (01.01.), 289.
F. Rosenzweig, a.a.O (13.04.), Ges. Schr. II, 1976, S. 361.
16. 09. *A. J. Heschel*, Der Sabbat. Seine Bedeutung für den heutigen Menschen (Information Judentum, Bd. 10), Neukirchener Verlag, Neukirchen-Vluyn 1990, S. 439.
17. 09. *J.J. Petuchowski*, Wie Juden beten (GTB 718), Gütersloher Verlagshaus, Gütersloh 1997.
18. 09. *A. Lucas*; Übersetzung: G. Popp, in: Seder ha-Tefillot II (01.01.), 23.
19. 09. *L. Baeck*, Das Wesen des Judentums, [1905], 6. Aufl. 1960, S. 216.
20. 09. *Liturgie*: Seder ha-Tefillot II (01.01.), 251.
Menachem Mendel von Kozk, zitiert nach: Buber, a.a.O. (24.01.), S. 784f.
21. 09. *A. Reisen*, Übersetzung: A. Böckler, in: Seder ha-Tefillot II (01.01.), 25.
22. 09. *M. Buber*, Zwiesprache, in: Das dialogische Prinzip, Darmstadt 1984[5], © Gütersloher Verlagshaus, Gütersloh.
23. 09. *L. Jacobs*, Seder ha-Tefillot II (01.01.), 26.
24. 09. *Liturgie*: Seder ha-Tefillot I (01.01.), 53.
E. Heimler, zitiert aus: Seder ha-Tefillot II (01.01.), 27.
25. 09. *Liturgie*: Seder ha-Tefillot I, 119.
Der Morgen 14 (1938), 224.
26. 09. *Chassidisch*, zitiert aus: Seder ha-Tefillot II (01.01.), 28f.
A. Gaon, zitiert aus: Seder ha-Tefillot II (01.01.), 28f.
27. 09. *Liturgie*: Übers.: A. Böckler in: Seder ha-Tefillot II (01.01.), 651.
28. 09. *Liturgie*: Seder ha-Tefillot II (01.01.), 247.
Maimonides, Seder ha-Tefillot II (01.01.), 265.
S. R. Hirsch, zitiert aus: Seder ha-Tefillot II (01.01.), 265.
29. 09. *Liturgie*: Seder ha-Tefillot II (01.01.), 267.
Liturgie: Seder ha-Tefillot II (01.01.), 253.
30. 09. *Liturgie*: Seder ha-Tefillot II (01.01.), 267.
Liturgie: Seder ha-Tefillot II (01.01.), 667.

Oktober

01. 10. *Liturgie*: Seder ha-Tefillot II (01.01.), 274.
02. 10. *Nachman von Braclaw*, zitiert aus: Buber, a.a.O. (20.04.), S. 34.
04. 10. *S. R. Hirsch*, Ges. Schriften 1902, Bd. IV, S. 420, zitiert aus: A.a.O. (02.01.), 104.
03. 10. *W. Jacob*, Christianity through Jewish Eyes – The Quest for Common Ground, Cincinnaty 1974.
05. 10. *Niddah 16b*, zitiert nach: Petuchowski, a.a.O. (09.01.), 50.
06. 10. *R. Varnhagen* an Maria Assing, 1826, zitiert aus: A.a.O. (02.01.), 150.
08. 10. *Y. Daniel*, Übers.: A. Böckler in: Seder ha-Tefillot II (01.01.), 276.
09. 10. *Maimonides*, zitiert aus: Seder ha-Tefillot II (01.01.), 278.
10. 10. *Bachja ibn Pakuda*, Chowot ha-lewawot 7,2, zitiert aus: Die Lehren des Judentums IV, a.a.O. (05.05.), 141.
12. 10. *S. R. Hirsch*, zitiert aus: Seder ha-Tefillot II (01.01.), 279.
13. 10. *S. ibn Gabirol* aus: Keter Malkut, Seder ha-Tefillot II (01.01.), 75.
14. 10. *S. ibn Gabirol* aus: Keter Malkut, Seder ha-Tefillot II (01.01.), 75.
15. 10. *Liturgie*: Seder ha-Tefillot I (01.01.), 179.
Chassidisch, zitiert aus: Lifschitz, a.a.O. (06.01.), 48.
17. 10. *Menachem Mendel von Kozk*, zitiert aus: Seder ha-Tefillot I (01.01.), 74.
Chassidisch, zitiert aus: Lifschitz, a.a.O. (06.01.), 24 (gekürzt).
18. 10. *Maimonides*, zitiert aus: Seder ha-Tefillot II (01.01.), 180.
M. Tuby, zitiert aus: Seder ha-Tefillot II (01.01.), 439.
19. 10. *J. Albo*, Sefer Ikkarin 4,26.
M. Dienemann, Judentum und Christentum, S. 34f, zitiert aus: Die Lehren des Judentums IV, a.a.O. (05.05.), 145.
20. 10. *Nachman von Braclaw*, zitiert aus: Die Chassidischen Bücher, Schocken Publishing House, Ltd., Tel Aviv, S. 35.
21. 10. *C. G. Montefiore*, Predigt an die jüdischen Studenten der Universität Camebridge, zitiert aus: A.a.O. (02.01.), 117.

23. 10. *Midrasch Bet Le-olam III*, Bet ha-Midrasch ed. Jellinek III,10, zitiert aus: Die Lehren des Judentums IV, a.a.O. (05.05.), 140.
24. 10. *S. R. Hirsch*, Choreb (1837), c. 79 § 514, zitiert aus: Die Lehren des Judentums IV (a.a.O. 05.05.), 146.
A. Einstein, Out of my Later Years, zitiert aus: Siddur Lev Chadash, a.a.O. (22.01.), 363.
25. 10. *L. Jacobs*, zitiert aus: Seder ha-Tefillot II (01.01.), 280f.
26. 10. *M. Buber*, a.a.O. (18.01.), 22.
Psalm 69,9-14, Übersetzung von Moses Mendelssohn.
27. 10. *Jerus. Talmud, Joma 6,4 (43d)*, zitiert nach: Petuchowski, a.a.O. (09.01.), 62.
28. 10. *A. Geiger*, Das Judentum und seine Geschichte I, S. 55, zitiert aus: Die Lehren des Judentums IV, a.a.O. (05.05.), 114.
Psalm 130, Übersetzung von Moses Mendelssohn.
30. 10. *Gen Rabba 13,6*, zitiert nach: Petuchowski, a.a.O. (09.01.), 76.
31. 10. *M. Buber*, Nachlese, 3. Aufl. Gerlingen 1993, 103.

November

01. 11. *Liturgie*: Seder ha-Tefillot I (01.01.), 71.
03. 11. *Liturgie*: Seder ha-Tefillot II (01.01.), 481.
M. Mendelssohn, Phädon oder über die Unsterblichkeit der Seele, 1767, zitiert aus: A.a.O. (02.01.), 102.
B. Spinoza, Die Ethik (1677), 5. Teil 23. Lehrsatz, zitiert aus: A.a.O. (02.01.), 101.
04. 11. *Bachja ibn Pakuda*, Sefer Chowot ha-Lewawot (Herzenspflichten).
05. 11. R. Beer Hoffmann, Jakobs Traum (1919).
06. 11. *Z. Mischkovsky*, Übers.: A. Böckler, zitiert aus: Seder ha-Tefillot II (01.01.), 297.
07. 11. *Midrasch zu Prediger* 7, zitiert aus: Steinberg, a.a.O. (14.01.), 61.
Liturgie: Seder ha-Tefillot II (01.01.), 624.
08. 11. *H. J. Schoeps*, Wir deutschen Juden, 1934, zitiert aus: H. J. Schoeps, a.a.O. (31.01.), 301.
09. 11. Seder ha-Tefillot I (01.01.), 188.
10. 11. *A. H. Friedlander*, in: Lionel Blue, Jonathan Magonet, Kindred Spirits. A Year of Readings, HarperCollins Publishers, London 1995, 256 (Übers.: A. Böckler).
11. 11. *Chassidisch*, zitiert aus: Lifschitz, a.a.O. (06.01.), 42.
12. 11. *L. Börne*, Gedenkrede auf Jean Paul, 2.12.1825, zitiert aus: 126.
Chassidisch, zitiert aus: Lifschitz, a.a.O. (06.01.), 44.
M. Buber, Nachlese. 3. Aufl. Gerlingen 1993, 236.
13. 11. *J. A. Romain*, in: Romain/Homolka, a.a.O. (12.01.), 48f.
14. 11. *S. An-ski Rapoport*, Der Dibbuk, zitiert aus: A.a.O. (02.01.), 139.
16. 11. *W. Gunther Plaut*, in: Die Tora, hg. von G.W. Plaut, a.a.O. (08.01.) zu Gen 32,4-33,17.
J. Sampter, Brand Plucked from the Fire, Philadelphia 1937, 170.
17. 11. *S. ibn Gabirol*, zitiert aus: Seder ha-Tefillot I (01.01.), 73.
M. Buber, a.a.O. (01.03.), 96.
F. Rosenzweig, a.a.O (13.04.), 341f.
18. 11. *M. Buber*, a.a.O. (01.03.), 80.
Chassidisch, zitiert aus: Lifschitz, a.a.O. (06.01.), 22.
Seder ha-Tefillot I (01.01.), 570.
20. 11. *Chassidisch*, zitiert aus: Lifschitz, a.a.O. (06.01.), 34.
21. 11. *E. Fleg*, Pourquoi je suis juif? 1928, zitiert aus: A.a.O. (02.01.), 142.
B. Pappenheim, Blätter des jüdischen Frauenbundes Juli-August 1936, S. 33, zitiert aus: A.a.O. (02.01.), 151.
22. 11. *M. Buber*, Das dialogische Prinzip, Darmstadt 1984[5], © Gütersloher Verlagshaus, Gütersloh.
W. Homolka, Der Tradition treu – und offen für den anderen, in: Berliner Tagesspiegel vom 18. April 1999, S. 5.
J. Magonet, aus einer Jom Kippur Predigt in der Jüdischen liberalen Gemeinde Beth Shalom München im Okt. 1997 (Übers.: A. Böckler).
24. 11. *M. Mendelssohn*, Jerusalem 1783, zitiert aus: A.a.O. (02.01.), 102.
Ch. Arlosoroff, Leben und Werk 1936, 184, zitiert aus: A.a.O. (02.01.), 121.
25. 11. *I. Maybaum*, Parteibefreites Judentum 1936, 74, zitiert aus: A.a.O. (02.01.), 122.
J. Wassermann, Lebensdienst 1928, 167, zitiert aus: A.a.O. (02.01.), 142.
J. Albo, Sefer Ikkarin 4,42.
Chassidisch, zitiert aus: Lifschitz, a.a.O. (06.01.), 46.

26. 11. *W. Homolka*, a.a.O. (22.11.).
A. Schnitzler, Der Weg ins Freie 1902, zitiert aus: A.a.O. (02.01.), 138.
J. A. Romain, in: Romain/Homolka, a.a.O. (12.01.), 41.
27. 11. *J. A. Romain*, in: Romain/Homolka, a.a.O. (12.01.), 152.
A. Haam, Am Scheidewege 1895, zitiert aus: A.a.O. (02.01.), 116.
H. Cohen, Die Religion der Vernunft aus den Quellen des Judentums 1919, zitiert aus: A.a.O. (02.01.), 105.
28. 11. *Maimonides*, Schemona Peakim V, zitiert aus: A.a.O. (02.01.), 98.
Liturgie: Seder ha-Tefillot I, 47.
30. 11. *M. Schimmel*, Übersetzung: A. Böckler in: Seder ha-Tefillot II (01.01.), 29.
F. Rosenzweig, a.a.O (13.04.), S. 472.

Dezember

The Universal Jewish Encyclopedia Bd. 8, New York 1948, 419, zitiert aus: W. Homolka, A. H. Friedlander, Von der Sintflut ins Paradies. Der Friede als Schlüsselbegriff jüdischer Theologie, Wissenschaftliche Buchgesellschaft, Darmstadt 1993, 34.
L. Baeck, Das Wesen des Judentums, [1905] 6. Aufl. Wiesbaden 1960, 36.
01. 12. *Liturgie*: Seder ha-Tefillot I (01.01.), 87.
F. Rosenzweig, a.a.O (13.04.), 123.
02. 12. *Ex Rabba 36,1-3*, zitiert aus: Die Tora, hg. von G.W. Plaut, a.a.O. (08.01.) zu Ex 28.
03. 12. *Ketaw Sofer*, zitiert aus: Die Tora, hg. von G.W. Plaut, a.a.O. (08.01.) zu Ex 10.
Liturgie: Seder ha-Tefillot I (01.01.), 201.
04. 12. Seder ha-Tefillot I (01.01.), 239.
05. 12. *Liturgie*: Seder ha-Tefillot I (01.01.), 55.
Chassidisch: Lifschitz, a.a.O. (06.01.), 18.
06. 12. *H. Cohen*, Religion der Vernunft aus den Quellen des Judentums. Wiesbaden 1978, 515-533, zitiert aus: W. Homolka, A. H. Friedlander, Von der Sintflut ins Paradies. Der Friede als Schlüsselbegriff jüdischer Theologie, © 1993 by Wissenschaftliche Buchgesellschaft, Darmstadt.
07. 12. *Baal Schem Tow* zitiert aus: Barslai, a.a.O. (12.01.), 21.
S. Ben Chorin, zitiert aus: W. Brinkel (Hg.), Dem Leben auf der Spur. Gedanken für jeden Tag des Jahres, Gütersloh 1997², 26. November.
08. 12. *Der Berschider Rebbe*, zitiert aus: Seder ha-Tefillot I (01.01.), 76.
09. 12. *L. Baeck*, Der ewige Friede, Die Lehren des Judentums III, a.a.O. (11.02.), 212.
10. 12. *L. Baeck*, Das Wesen des Judentums, [1905] 6. Aufl. Wiesbaden 1960, 280.
11. 12. *Taanit 22a*, zitiert nach: Petuchowski, a.a.O. (09.01.), 136.
12. 12. *Dtn Rabba, Schoftim 15*, zitiert nach: Petuchowski, a.a.O. (09.01.), 103.
13. 12. *Sprüche der Soferim*, zitiert aus: Steinberg, a.a.O. (14.01.), 178.
E. Wiesel, A Beggar in Jerusalem, New York Random House 1970, 111, zitiert aus: Die Tora, hg. von G.W. Plaut, a.a.O. (08.01.) zu Gen 4.
16. 12. *M. Buber*, zitiert aus: Seder ha-Tefillot I (01.01.), 192f.
17. 12. *Columbus Platform 1937*, zitiert aus: Romain/Homolka, a.a.O. (12.01.), 287.
18. 12. *Miami Platform 1997*, zitiert aus: Romain/Homolka, a.a.O. (12.01.), 289.
19. 12. *Midrasch Pesikta Rabbati*, zitiert aus: Steinberg, a.a.O. (14.01.), 83.
S. Bernfeld, in: Die Lehren des Judentums IV, a.a.O. (05.05.), 152.
20. 12. *L. Baeck*, Der ewige Friede, in: Die Lehren des Judentums IV, a.a.O. (05.05.), 212.
21. 12. *L. Venetianer*, Jüdisches im Christentum, S. 42, zitiert aus: Die Lehren des Judentums IV, a.a.O. (05.05.), 224.
22. 12. *Chassidisch*, zitiert aus: Lifschitz, a.a.O. (06.01.), 10.
J. D. Rayner, Jewish Religious Law. A Progressive Perspective (Progressive Judaism Today 3), New York/Oxford 1998, 81f.
23. 12. *Chassidisch*, Lifschitz, a.a.O. (06.01.), 56.
24. 12. *Seder Elijahu Rabbah 10*, zitiert nach Seder ha-Tefillot I (01.01.), 74.
26. 12. *J. A. Romain*, in: Romain/Homolka, a.a.O. (12.01.), 44.
27. 12. *Chassidisch*, zitiert aus: Lifschitz, a.a.O. (06.01.), 12.
Sanhedrin 98a, zitiert nach: Petuchowski, a.a.O. (09.01.), 132.
28. 12. *H. Gryn*, zitiert aus: Seder ha-Tefillot II (01.01.), 525.
29. 12. *E. Fromm*, zitiert aus: Dem Leben auf der Spur (a.a.O.), 27. Februar.
30. 12. *L. Blue*, zitiert aus: Seder ha-Tefillot II (01.01.), 557.
31. 12. *J. A. Romain*, in: Romain/Homolka, a.a.O. (12.01.), 173.